handball-uebungen.de
Trainingseinheiten und Übungen für Ihr Training!

Vorwort

Liebe Leserinnen und Leser,
vielen Dank, dass Sie sich für ein Buch der trainingsunterstützenden Reihe von handball-uebungen.de entschieden haben.

Die 3-2-1-Abwehr ist ein hervorragendes taktisches Mittel, um den Angriff im Aufbau unter Druck zu setzen. Schnelle Ballgewinne und Konter sind oft die Folge. Gute konditionelle Eigenschaften sowie eine gute Ausbildung im 1gegen1 in der Abwehr sind allerdings Grundvoraussetzungen hierfür. Für eine allumfassende Ausbildung in der Jugend gehört die 3-2-1-Abwehr zwingend dazu.

Wie in allen Bänden von handball-uebungen.de, liegt der Schwerpunkt des Buches in den praktischen Trainingseinheiten, die direkt in ein Training übernommen werden können. Lassen Sie sich inspirieren, wie die 3-2-1 Abwehrformation erarbeitet werden kann und bringen Sie auch Ihre eigenen Ideen mit ein. Ein kurzer theoretischer Abriss zur allgemeinen Trainingsplanung führt in das Thema ein und ermöglicht es Ihnen, Trainingseinheiten in Ihre Jahresplanung zu integrieren.

Beispielgrafik:

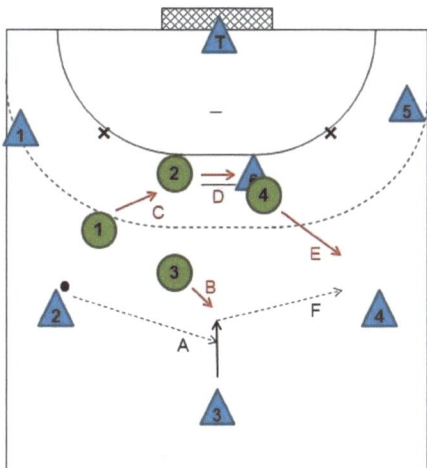

I0220753

2. Auflage (16. Juni 2012)
Verlag: DV Concept (handball-uebungen.de)
Autoren: Jörg Madinger, Elke Lackner
ISBN: 978-3956411519

Inhalt

1. Kurzer Einblick in die Jahresplanung

2. Aufbau von Trainingseinheiten

3. Die Rollen/Aufgaben des Trainers

4. Legende zu den Trainingseinheiten

5. Trainingseinheiten

6. Über den Autor

7. Weitere Fachbücher des Verlags DV Concept

1. Kurzer Einblick in die Jahresplanung

Ziele des Trainings

Im **Erwachsenenbereich** wird ein Trainer in der Regel am sportlichen Erfolg (Tabellenplatz) gemessen. Somit richtet sich auch das Training sehr stark auf den jeweils nächsten Gegner (Saisonziel) aus. Im Vordergrund steht, die Spiele zu gewinnen und die vorhandenen Potentiale optimal einzusetzen.

Im **Jugendbereich** steht die **individuelle Ausbildung** im Vordergrund. Diese ist das erste Ziel, das auch über den sportlichen Erfolg zu setzen ist. Auch sollen die Spieler noch umfassend, d. h. positionsübergreifend ausgebildet werden (keine Positionsspezialisierung, keine Angriffs-/Abwehrspezialisierung).

Jahresplanung

In der Jahresplanung sollten folgende Punkte beachtet werden:
- Wie viele Trainingseinheiten habe ich zur Verfügung (hierbei Ferienzeit, Feiertage und den Spielplan mitberücksichtigen)?
- Was möchte ich in diesem Jahr erreichen/verbessern?
- Welche Ziele sollten innerhalb einer Rahmenkonzeption (des Vereins, des Verbands z. B. DHB) erreicht werden? In der Rahmenkonzeption des DHB finden Sie viele Orientierungshilfen für die Themen Abwehrsysteme, individuelle Angriffs-/Abwehrfähigkeiten und dazu, was am Ende welcher Altersstufe erreicht werden sollte.
- Welche Fähigkeiten hat meine Mannschaft (haben meine individuellen Spieler)? Dies sollte immer wieder analysiert und dokumentiert werden, damit ein Soll-/Ist-Vergleich in regelmäßigen Abständen möglich ist.

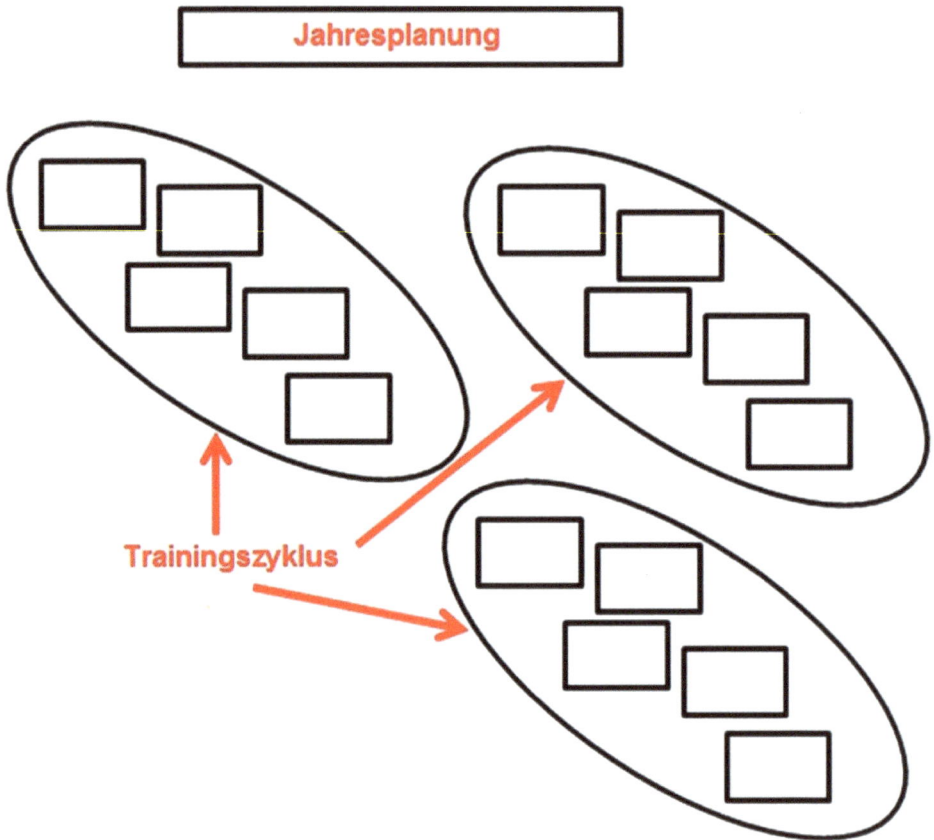

Jahresplanung

Trainingszyklus

Zerlegung der Jahresplanung in einzelne Zwischenschritte

Grundsätzlich gliedert sich eine Handballsaison in folgende Trainingsphasen:

- Vorbereitungsphase bis zum ersten Spiel: Diese Phase eignet sich besonders zur Verbesserung der konditionellen Fähigkeiten wie der Ausdauer.
- 1. Spielphase bis zu den Weihnachtsferien: Hier sollte die Weihnachtspause mit eingeplant werden.
- 2. Spielphase bis zum Saisonende.

Diese groben Trainingsphasen sollten dann schrittweise verfeinert und einzeln geplant werden:

- Einteilung der Trainingsphasen in einzelne Blöcke mit blockspezifischen Zielen (z. B. Monatsplanung).
- Einteilung in Wochenpläne.
- Planung der einzelnen Trainingseinheiten.

Trainingszyklus

Trainingseinheit:
→ Aufwärmen
→ Grundübung
→ Grundspiel
→ Zielspiel

Trainingseinheit:
→ Aufwärmen
→ Grundübung
→ Grundspiel
→ Zielspiel

Trainingseinheit:
→ Aufwärmen
→ Grundübung
→ Grundspiel
→ Zielspiel

Trainingseinheit:
→ Aufwärmen
→ Grundübung
→ Grundspiel
→ Zielspiel

Trainingseinheit:
→ Aufwärmen
→ Grundübung
→ Grundspiel
→ Zielspiel

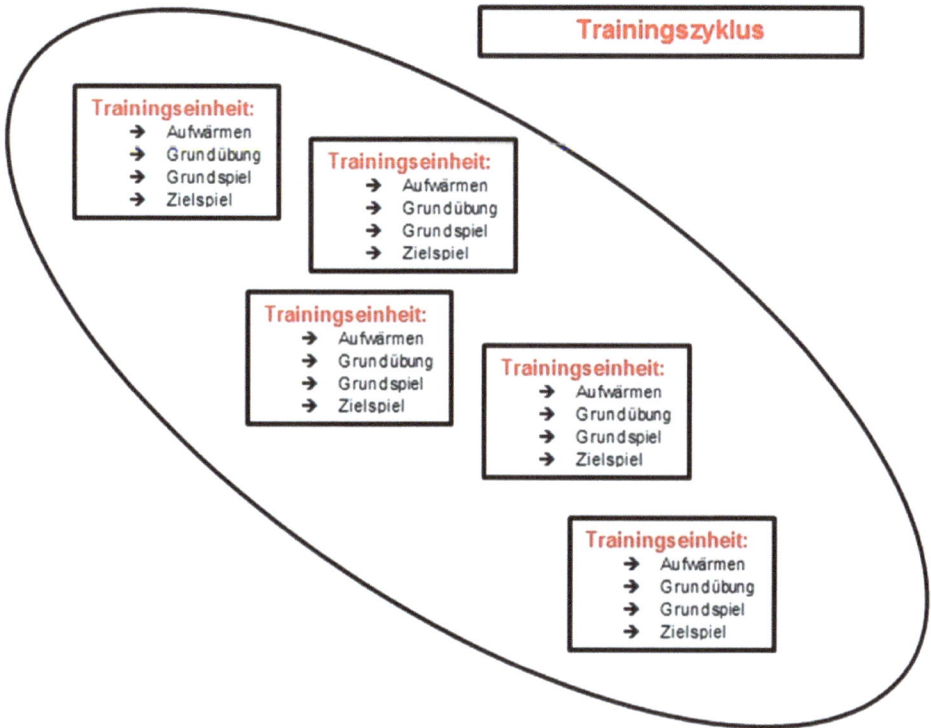

Trainingseinheiten strukturiert aufbauen

Sowohl bei der Jahresplanung als auch bei der Planung der einzelnen Trainingseinheiten sollte eine klare Struktur erkennbar sein:

- Mit Blöcken arbeiten (siehe Monatsplanung): Es sollte (gerade im Jugendbereich) über einen Zeitraum am gleichen Thema gearbeitet werden. So können sich Übungen wiederholen und die Abläufe können sich einprägen.
- Jedes Training sollte einen klaren Trainingsschwerpunkt haben. Die Themen sollten innerhalb einer Trainingseinheit nicht gemischt werden, sondern es sollten alle Übungen einem klaren Ziel folgen.
- Die Korrekturen im Training orientieren sich am Schwerpunkt (bei Abwehrtraining wird die Abwehr korrigiert und gelobt).

2. Aufbau von Trainingseinheiten

Der Schwerpunkt des Trainings sollte das einzelne Training wie ein roter Faden durchziehen. Dabei in etwa dem folgenden zeitlichen Grundaufbau (Ablauf) folgen:
- Ca. 10 (15) Minuten Aufwärmen.
- Ca. 20 (30) Minuten Grundübungen (2 bis max. 3 Übungen, plus Torhüter-Einwerfen).
- Ca. 20 (30) Minuten Grundspiel.
- Ca. 10 (15) Minuten Zielspiel.

1. Zeit bei 60 Minuten Trainingszeit / 2. Zeit in Klammer bei 90 Minuten Trainingszeit.

Inhalte des Aufwärmens
- Trainingseröffnung: Es bietet sich an, das Training mit einem kleinen Ritual (Kreis bilden, sich abklatschen) zu eröffnen und den Spielern kurz die Inhalte und das Ziel der Trainingseinheit vorzustellen.
- Grunderwärmung (leichtes Laufen, Aktivierung des Kreislaufs und des Muskel- und Knochen-Apparats).
- Dehnen/Kräftigen/Mobilisieren (Vorbereitung des Körpers auf die Belastungen des Trainings).
- Kleine Spiele (diese sollten sich bereits am Ziel des Trainings orientieren).

Grundübungen
- Ballgewöhnung (am Ziel des Trainings orientieren).
- Torhüter-Einwerfen (am Ziel des Trainings orientieren).
- Individuelles Technik- und Taktiktraining.
- Technik- und Taktiktraining in der Kleingruppe.

Grundsätzlich sind bei den Grundübungen die Lauf- und Passwege genau vorgegeben (der Anspruch kann im Laufe der Übung gesteigert und variiert werden).

Hinweise zur Grundübung
- Alle Spieler den Ablauf durchführen lassen (schnelle Wechsel).
- Hohe Anzahl an Wiederholungen.
- Mit Rotation arbeiten oder die Übung auf beiden Seiten gleichzeitig/mit geringer Verzögerung durchführen, damit für die Spieler keine langen Wartezeiten entstehen.
- Individuell arbeiten (1gg1 bis max. 2gg2).
- Eventuell Zusatzaufgaben/Abläufe einbauen (die die Übung komplexer machen).

Grundspiel

Das Grundspiel unterscheidet sich von der Grundübung vor allem dadurch, dass jetzt mehrere **Handlungsoptionen** (Entscheidungen) möglich sind und der/die Spieler die jeweils optimale Option erkennen und wählen sollen. Hier wird vor allem das Entscheidungsverhalten trainiert:

- Das zuvor in den Grundübungen Erlernte mit **Wettkampfcharakter** durchführen.
- Mit Handlungsalternativen arbeiten – Entscheidungsverhalten schulen.
- Alle Spieler sollen den Ablauf häufig durchführen und verschiedene Entscheidungen ausprobieren.
- In Kleingruppen arbeiten (3gg3 bis max. 4gg4).

Zielspiel

- Das zuvor Geübte wird nun im freien Spiel umgesetzt. Um das Geübte im Spiel zu fördern, kann mit Zusatzpunkten oder Zusatzangriffen im Falle der korrekten Umsetzungen gearbeitet werden.
- Im Zielspiel wird das Gelernte im Team umgesetzt (5gg5, 6gg6).

Je nach den Trainingsinhalten können die zu erreichenden Ziele eine geringe Änderung im zeitlichen Ablauf von Grundübungen und Grundspielen bedingen (z. B. beim Ausdauertraining, bei dem sie durch Ausdauereinheiten ersetzt werden).

Themenvorgaben

- Individuelle Ausbildung der Spieler nach Vorgabe der Trainingsrahmenkonzeption (DHB oder vereinseigene Konzeption).
- Taktische Spielsysteme in der Abwehr und im Angriff (altersabhängig):
  - o Z. B. von der Manndeckung zum 6:0-Abwehrsystem.
  - o Z. B. vom 1gegen1 zum 6gegen6 mit Auslösehandlungen im Team.

Trainingsthema wählen:
→ Roter Faden

Aufwärmen:
Dauer:
- ca. 10 (15) Minuten

Inhalte:
- „spielerisches Einlaufen"
- Spiele
- Laufkoordination
- (Dehnen und Kräftigung)

Grundübung:
Dauer:
- ca. 20 (30) Minuten

Charakteristik:
- individuell / in der Kleingruppe

Inhalte:
- klare Übungsvorgabe des Ablaufs
- Variationen mit klarer Vorgabe des Ablaufs
- vom Einfachen zum Komplexen
- keine Wartezeit für die Spieler

Grundspiel:
Dauer:
- ca. 20 (30) Minuten

Charakteristik:
- in der Kleingruppe

Inhalte:
- klare Vorgabe des Ablaufs plus Varianten
- Wettkampf

Zielspiel:
Dauer:
- ca. 10 (15) Minuten

Charakteristik:
- Teamplay (Kleingruppe)

Inhalte:
- Freies Spielen mit den Übungen aus der Grundübung und dem Grundspiel
- Wettkampf

3. Die Rollen/Aufgaben des Trainers

Ein erfolgreiches Training hängt stark von der Person und dem Verhalten des Trainers ab. Es ist deshalb wichtig, im Training bestimmte Verhaltensregeln zu beachten, um den Erfolg des Trainings zu ermöglichen. Das soziale Verhalten des Trainers bestimmt den Erfolg in einem ebenso großen Maße wie die reine Fachkompetenz.

Der Trainer sollte:
- der Mannschaft zu Beginn des Trainings eine kurze Trainingsbeschreibung und die Ziele bekannt geben.
- immer laut und deutlich reden.
- den Ort der Ansprache so wählen, dass alle Spieler die Anweisungen und Korrekturen hören können.
- Fehler erkennen und korrigieren. Beim Korrigieren Hilfestellung geben.
- den Schwerpunkt der Korrekturen auf das Trainingsziel legen.
- individuelle Fortschritte hervorheben und loben (dem Spieler ein positives Gefühl vermitteln).
- fördern und permanent fordern.
- im Training, bei Spielen, aber auch außerhalb der Sporthalle als Vorbild auftreten.
- gut vorbereitet und pünktlich zu Training und Spielen erscheinen.

4. Legende zu den Trainingseinheiten:

✖	Hütchen
(Ballkiste Symbol)	Ballkiste
△1	Angreifer
①1	Abwehrspieler
(blaues Rechteck)	dünne Turnmatte
(blaues großes Rechteck)	dicke Weichbodenmatte
(olivgrünes Quadrat)	kleine Turnkiste
▬▬▬	Pommes (dünne Schaumstoffbalken)
☐	kleine Turnkiste (mit der offenen Seite nach oben)
◯	Turnreifen
VM / HM	Abwehrspieler: Vorne-Mitte / Hinten-Mitte

Schwierigkeit:

★	Einfache Anforderung (alle Jugend- und Aktivenmannschaften)
★★	Mittlere Anforderung (geeignet ab C-Jugend bis Aktive)
★★★	Höhere Anforderung (geeignet ab B-Jugend bis Aktive)
★★★★	Intensive Anforderung (geeignet für Leistungsbereiche)

5. Trainingseinheiten

Nr.: Abw. 1	Thema: 3-2-1-Abwehr			★★	90
Startblock		**Hauptblock**			
X	Einlaufen/Dehnen		Angriff / Individuell		Sprungkraft
	Laufübung		Angriff / Kleingruppe		Sprintwettkampf
X	Kleines Spiel		Angriff / Team		Torhüter
	Koordination		Angriff / Wurfserie		
	Laufkoordination	X	Abwehr / Individuell		**Schlussblock**
	Kräftigung	X	Abwehr / Kleingruppe	X	Abschlussspiel
X	Ballgewöhnung		Abwehr / Team		Abschlusssprint
X	Torhüter einwerfen		Athletiktraining		
			Ausdauertraining		

Benötigt:
- 8 Hütchen
- ausreichend Bälle

Nr.: 1-1	Einlaufen/Dehnen	15	15

Ablauf:
- Zwei Spieler bewegen sich mit Ball frei in der Halle und passen sich dabei fortlaufend den Ball zu.
- Laufrichtung immer wieder wechseln (vorwärts, rückwärts, seitwärts).
- Sprungwurfpässe.
- Pässe mit der falschen Hand.
- Ankreuzen.
- Selbstständig / in der Gruppe dehnen.

Nr.: 1-2	Kleines Spiel	10	25

Ablauf:
- Zwei Mannschaften spielen Parteiball im Feld.
- Nach jedem Pass (A) muss erst ein Hütchen umlaufen werden (B), bevor der Spieler wieder angespielt werden darf.
- Ohne Prellen.

Variationen:
- Kein Rückpass zu dem Spieler, von dem man eben selbst den Ball bekommen hat.
- Sprungwurfpass.
- Pass mit der falschen Hand.

Nr.: 1-3	Ballgewöhnung	10	35

Ablauf:

- ▲1 stößt bis zum vorderen Hütchen und spielt (A) den Ball dem anstoßenden ▲3 zu, gleichzeitig stößt ▲2 zum vorderen Hütchen und spielt (B) den Ball dem anstoßenden ▲4 zu.

- Nachdem ▲1 gepasst hat, lässt er sich schnell rückwärts nach rechts zurück fallen und stellt sich bei ▲2 wieder an, ▲2 bei ▲3 usw.

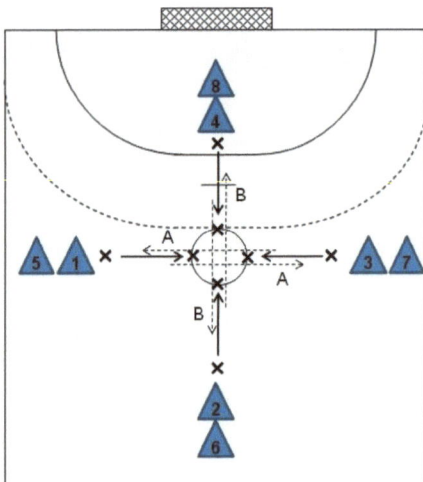

Variationen:

- ▲1 läuft nach dem Pass im Halbkreis außenherum zu ▲3 (gegenüber) und stellt sich dort an. ▲2 bei ▲4, ▲3 bei ▲1 und ▲4 bei ▲2.
- Die Spieler gehen so weit zurück, dass bis zum hinteren Hütchen gestoßen werden kann und der Ball von da aus in die Gegengruppe gespielt werden kann -> längerer Passweg.

Nr.: 1-4	Torhüter einwerfen	10	45

Ablauf:

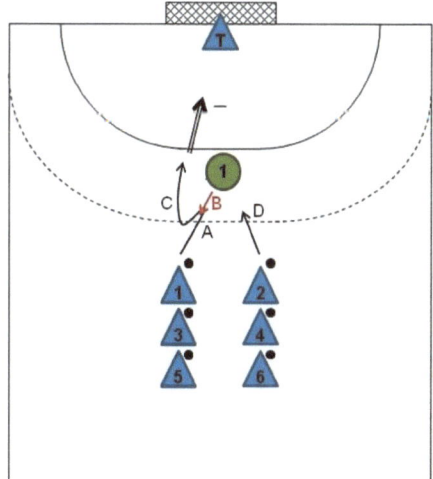

- ▲1 läuft mit Ball an und hebt den Wurfarm zum Wurf (A).

- ●1 läuft ▲1 dynamisch entgegen und drängt ihn in der Abwehraktion zurück (ca. 0,5 Meter) (B).

- ●1 lässt sich sofort nach der Aktion gegen ▲1 wieder auf die Ausgangsposition zurück sinken.

- Nachdem ▲1 zurückgedrängt wurde, startet er Richtung Tor und wirft nach Vorgabe (Hände, hoch, tief, halbhoch) (C).

- Jetzt startet ▲2 auf der anderen Seite mit dem gleichen Ablauf (D).

⚠ Darauf achten, dass ●1 richtig in der Abwehrhaltung agiert (Wurfarm und diagonal die Hüfte attackieren).

⚠ Die Spieler müssen ●1 ausreichend Zeit geben, damit er wieder auf die Ausgangsposition zurücksinken kann.

⚠ ●1 soll den Spieler dynamisch zurückdrücken, nicht „festmachen".

Nr.: 1-5	Abwehr / Individuell	10	55

Ablauf:

- ▲1 startet eine 1gegen1-Aktion gegen ●1 und versucht, mit Ball in den Kreis zu treten und das Hütchen in der Mitte zu berühren (A).

- Läuft sich ▲1 fest oder kommt nicht mehr weiter, spielt er den Ball zu ▲4 (oder ▲2, der Pass zum gegenüber stehenden Spieler ist nicht erlaubt) (B).

- ●1 verschiebt dynamisch mit schneller Beinarbeit zum nächsten Angreifer (C) und verteidigt gegen die Aktion von ▲4.

- Kommt ▲4 nicht mehr weiter (oder berührt das Hütchen), erfolgt der Pass zum nächsten Angreifer (D).

- Usw. bis ●1 acht Abwehraktionen gemacht hat, danach wechselt der Abwehrspieler.

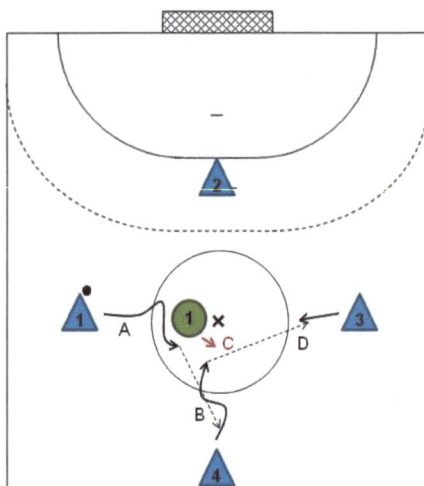

⚠️ ●1 so viel Zeit verschaffen, dass er sich immer korrekt in der Abwehrhaltung aufstellen kann, bevor die Angreifer ihre Aktion starten.

Nr.: 1-6	Abwehr / Kleingruppe	10	65

Ablauf:

- ▲1 und ▲2 versuchen gemeinsam, ●1 und ●2 so auszuspielen, dass sie das Hütchen in der Mitte berühren können (A und B).

- ▲3 dient als Anspielstation (C).

- Haben sich ▲1 und ▲2 festgelaufen, ziehen sie sich sofort zurück und starten unmittelbar die nächste Aktion (insgesamt fünf Aktionen hintereinander, danach wechseln die Aufgaben).

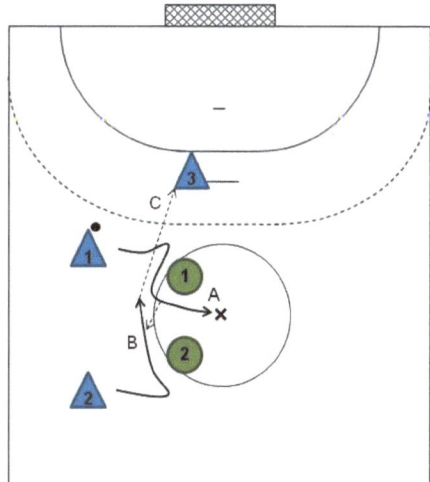

⚠ ▲1 und ▲2 sollen immer wieder versuchen, auch durch 1gegen1-Aktionen, zum Hütchen durchzubrechen.

⚠ Die „2mal"-Regel wird außer Kraft gesetzt; die Angreifer sollen mehrere Aktionen hintereinander durchführen, damit eine hohe Anforderung für ●1 und ●2 entsteht.

Nr.: 1-7	Abwehr / Kleingruppe	15	80

Ausgangsposition:

- 🔺(1) stößt mit Ball an.

- (1) steht offensiv.

- (2) steht defensiv und deckt 🔺(6) ab.

- 🔺(6) darf sich innerhalb der Hütchen bewegen.

Ablauf:

- 🔺(1) spielt in der Stoßbewegung den Ball 🔺(2) in den Lauf (A).

- (1) zieht sich zurück und übernimmt 🔺(6) (B).

Bild 1

- 🔺(2) stößt und spielt 🔺(3) den Ball in den Lauf (D) und zieht sich sofort wieder auf die Ausgangsposition auf RM zurück.

- (2) tritt offensiv heraus und attackiert 🔺(3) (C) (Bild 2).

- 🔺(3) kann nun versuchen, 🔺(6) anzuspielen. Wenn dieser Pass nicht geht, erfolgt der Pass wieder zurück zu 🔺(2).

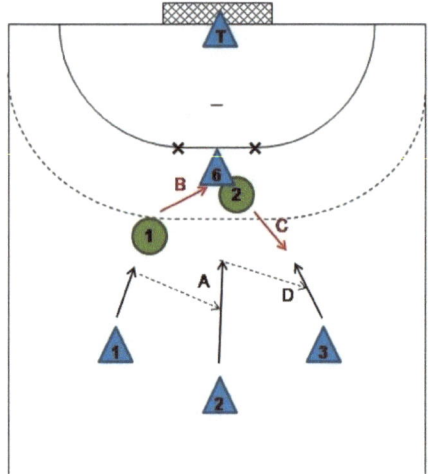

- Usw.

⚠️ 🔺(6) soll bei den ersten Aktionen noch stehen bleiben. Nach und nach kann er sich intensiver zwischen den Hütchen bewegen.

⚠️ Abstand der Hütchen dem Leistungsvermögen der Spieler anpassen.

⚠️ (1) und (2) sollen mit schnellen Schritten agieren und versuchen, so lange wie möglich das Anspiel zu 🔺(6) zu verhindern.

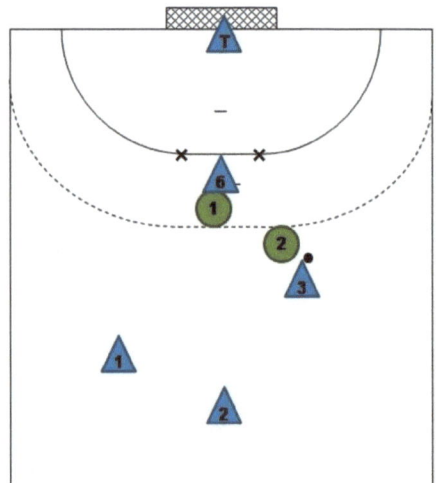

Bild 2

Nr.: 1-8	Abschlussspiel	10	90

Ablauf:
- Zwei Mannschaften bilden, die Handball gegeneinander spielen.

Vorgaben:
- Offensive Abwehr bei 9-10 Metern, ohne feste Zuordnung. Sobald ein Angreifer in diesen Bereich eintritt, erfolgt gegen ihn eine feste Zuordnung (begleiten).

⚠ In der Abwehr soll eine permanente Absprache erfolgen, wer wen deckt.

⚠ Mit den Armen arbeiten, Gegner vor sich halten.

Nr.: Abw. 2	Thema: 3-2-1-Abwehr			★★	90

	Startblock			Hauptblock			
X	Einlaufen/Dehnen			Angriff / Individuell		Sprungkraft	
	Laufübung			Angriff / Kleingruppe	X	Sprintwettkampf	
X	Kleines Spiel			Angriff / Team		Torhüter	
	Koordination			Angriff / Wurfserie			
	Laufkoordination		X	Abwehr / Individuell		Schlussblock	
	Kräftigung			Abwehr / Kleingruppe	X	Abschlussspiel	
X	Ballgewöhnung			Abwehr / Team		Abschlusssprint	
X	Torhüter einwerfen			Athletiktraining			
				Ausdauertraining			

Benötigt:
- 2 Hütchen je Spieler
- 2 Ballkisten mit ausreichend Bällen

Nr.: 2-1	Einlaufen/Dehnen	15	15

Ablauf:
- Immer zwei Spieler gehen zusammen. Einer läuft voraus und macht eine Laufbewegung (vorwärts, rückwärts, seitwärts) vor, die der andere nachmacht. Nach ein paar Minuten tauschen die beiden die Rollen.
- Zu zweit einen Ball locker passen, dabei kreuz und quer durch die Halle laufen.

- Gemeinsames Dehnen in der Gruppe, die Spieler machen abwechselnd eine Übung vor.

Nr.: 2-2	Kleines Spiel	10	25

Ablauf:

Die Mannschaften so bilden, dass eine Überzahlsituation entsteht (hier im Beispiel fünf Angreifer und drei Abwehrende):

- Die fünf Angreifer spielen sich den Ball zu (A).
- Die drei Verteidiger müssen mit schneller Beinarbeit versuchen, einen Ballführenden zu berühren (B).
- Nach ein paar Minuten die Spieler neu verteilen.
- Ohne Prellen.

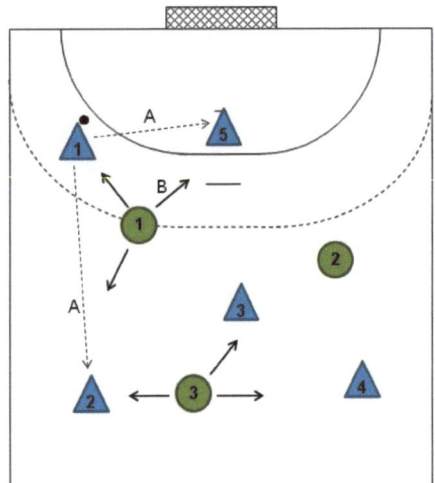

Aufgabe:

- Die Angreifer versuchen, 10 Bälle zu spielen, ohne berührt zu werden. Schaffen sie es, müssen die Verteidiger z. B. 10 Liegestützen machen; schaffen sie es nicht, machen die Angreifer die 10 Liegestützen.

Variationen:

- Prellen wird erlaubt.
- Kein Rückpass erlaubt.
- Sprungwurfpass.
- Pass mit der falschen Hand.

| Nr.: 2-3 | Ballgewöhnung | 10 | 35 |

Ablauf A:
- Der Spieler läuft im Seitschritt permanent eine 8 durch die Hütchen und bekommt dabei von ![1] immer wieder den Ball zugespielt.

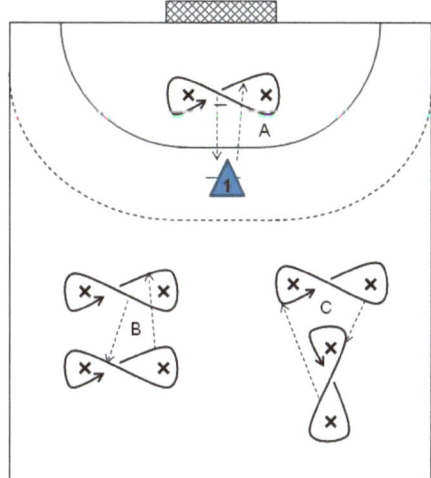

Ablauf B:
- Beide Spieler laufen im Seitschritt (gleiche Richtung) wie oben eine 8 durch die Hütchen und passen sich dabei den Ball zu.

Variationen:
- Entgegengesetzte Laufrichtung.
- Auf Kommando die Laufrichtung wechseln, dabei aber den Ball weiterspielen.

Ablauf C:
- 1 Spieler läuft wie oben im Seitschritt eine 8 durch die Hütchen, der zweite Spieler läuft die 8 vor- und rückwärts durch die Hütchen, dabei den Ball passen.

Variationen:
- Druckpässe.
- Pass- und Laufgeschwindigkeit langsam steigern.

Nr.: 2-4	Sprintwettkampf	5	40

Ablauf:

- ▲1 und ▲4 starten gleichzeitig auf Kommando und sprinten jeweils zum ersten Hütchen und umlaufen es einmal komplett, wobei die Blickrichtung immer gleich bleibt!
- Dann zum nächsten Hütchen usw.
- Um das vierte Hütchen herum und dann vorwärts (Blickrichtung zur eigenen Gruppe) wieder zurück und den nächsten Spieler abklatschen, der dann startet.
- Usw.

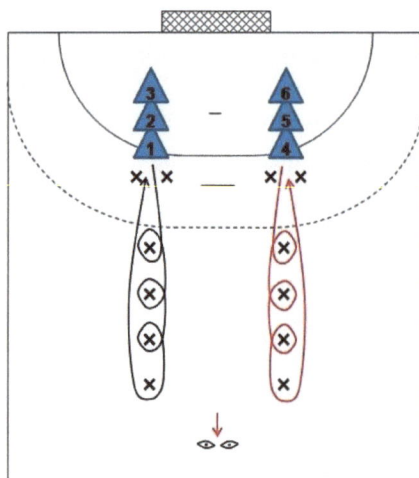

Die Verlierermannschaft muss z. B. Liegestützen oder Sit-ups ausführen.

Variationen:

- Blickrichtung ändern (Sidesteps).
- Einen Ball dabei prellen.

Nr.: 2-5	Torhüter einwerfen	10	50

Ablauf:

- ▲1 läuft dynamisch diagonal an und macht auf der Höhe der Hütchen einen Sprungwurf (A), anschließend startet ▲2 von rechts.
- Rechtsanlaufende werfen nach links, Linksanlaufende werfen nach rechts, jeweils nach Vorgabe (hoch, halb, tief).
- Schnell hintereinander anlaufen und werfen.
- Nach dem Wurf sprinten die Werfer zum Hütchen in der Ecke (B), danach um das Hütchen an der Mittellinie (C).

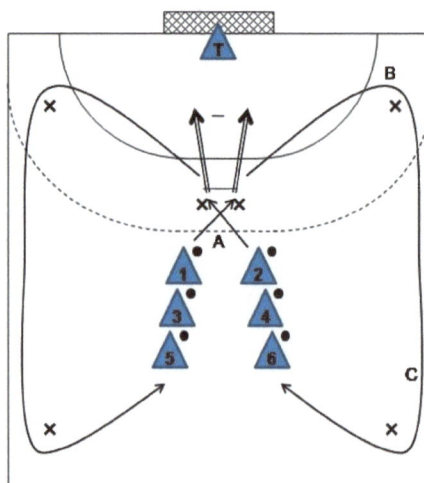

Variationen:

- Erst auf die Hände, dann hoch, tief und halb.
- Wurfentscheidung: entweder hoch oder tief, aber immer diagonal anlaufen und werfen.

Nr.: 2-6	Abwehr / Individuell	10	60

Aufbau:

- Zwei Spieler mit einem Hütchen in der Halle verteilen (zunächst ohne Ball).

Ablauf 1. Durchgang:

- ① verteidigt das Hütchen gegen ① und stellt mit schnellen Seitwärts- und Vorwärtsbewegungen den Weg zum Hütchen zu.

- ① macht ohne Ball fünf direkt aufeinanderfolgende Aktionen zum Hütchen. Kommt er nicht durch oder ist festgemacht worden, lässt er sich ein paar Schritte zurücksinken und startet sofort die nächste Aktion, ohne Pause.

- Nach den fünf Aktionen wechseln die beiden Spieler die Aufgabe.

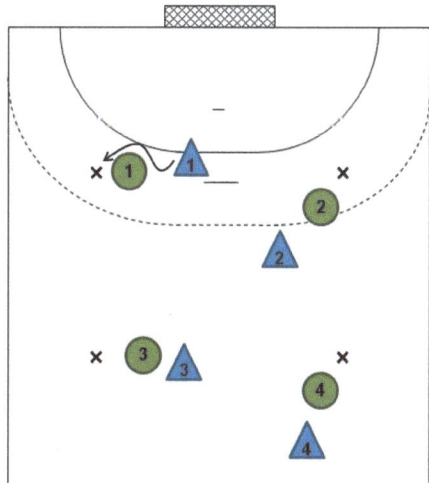

Ablauf 2. Durchgang:

- ① absolviert den gleichen Ablauf wie oben jetzt **mit** Ball. Er prellt auf ① zu, nimmt den Ball auf und versucht durch eine Körpertäuschung, an ihm vorbei zu kommen. Gelingt ihm dies nicht, lässt er sich sofort wieder zurücksinken und startet die nächste Aktion ohne Pause.

⚠ Die fünf Aktionen müssen jeweils mit voller Dynamik ausgeführt werden, danach eine kurze Pause machen.

⚠ Auf die richtige Abwehrhaltung achten, Wurfarm und diagonal die Hüfte attackieren.

Nr.: 2-7	Abwehr / Individuell	10	70

Ablauf:

- ① und ② stehen in der Ausgangsposition vorne beim Hütchen am 9-Meter-Kreis.

- Sobald ▲ den Ball zu ▲ nach außen spielt (A), startet ① mit schnellen Schritten nach außen (C), um ▲ am Wurf zu hindern / beim Wurf zu behindern (B).

- Nach dieser Aktion läuft ① wieder nach vorne zum Hütchen (D).

- Danach wiederholt sich der Ablauf auf der rechten Seite (E).

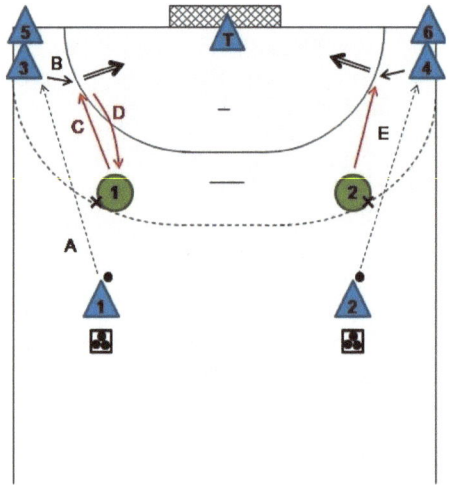

- Usw.

⚠ ① soll bei dieser Aktion die Chance haben, wenn er mit schnellen Schritten nach außen läuft, die Aktion von ▲ Richtung Tor zu verhindern.

⚠ Eventuell ① die Chance geben, früher nach außen zu laufen (z. B. bereits wenn ▲ den Ball aus der Ballkiste holt und nicht erst bei seinem Pass).

Nr.: 2-8	Abwehr / Individuell	10	80

Ablauf:

- 2 spielt eine 1:1-Aktion (B) gegen 1 im begrenzten Feld. 1 und 3 unterstützen ihn dabei als Anspielstationen (A).

- Nach dieser Aktion startet 3 und macht ebenso eine 1:1-Aktion gegen 2. 5 und 4 unterstützen ihn dabei als Anspielstationen.

- Danach sind 5 und 6 an der Reihe. Die Angreifer und Anspielstationen sollen ständig wechseln.

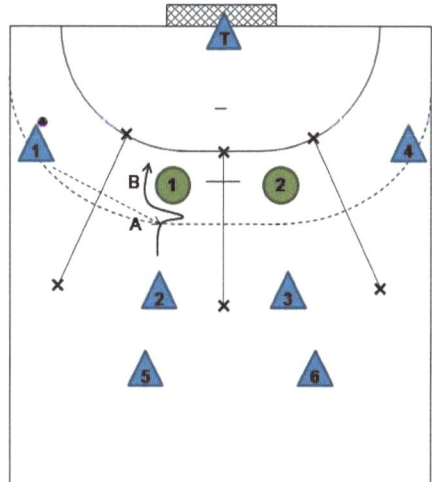

⚠ 1 und 2 sollen mit schnellen Beinen in der Vorwärts- und Seitwärtsbewegung den Angreifer in die Körpertäuschung hinein attackieren.

⚠ Die Abwehrspieler sollen agieren und nicht reagieren.

⚠ Hohe Dynamik, zwischen den einzelnen Aktionen keine Pause machen.

⚠ Permanentes Korrigieren (Grundstellung, Beinarbeit, Armhaltung) der Abwehrspieler.

Nr.: 2-9	Abschlussspiel	10	90

Ablauf:
- Zwei Mannschaften bilden, die Handball gegeneinander spielen.

Vorgaben:
- Offensive Abwehr bei 9-10 Metern, ohne feste Zuordnung. Sobald ein Angreifer in diesen Bereich eintritt, erfolgt gegen ihn eine feste Zuordnung (begleiten).

⚠ In der Abwehr soll eine permanente Absprache erfolgen, wer wen deckt.

⚠ Mit den Armen arbeiten, Gegner vor sich halten.

Nr.: Abw. 3	Thema: 3-2-1-Abwehr			★★	90

	Startblock		Hauptblock		Schlussblock
X	Einlaufen/Dehnen		Angriff / Individuell		Sprungkraft
	Laufübung		Angriff / Kleingruppe		Sprintwettkampf
X	Kleines Spiel		Angriff / Team		Torhüter
	Koordination		Angriff / Wurfserie		
	Laufkoordination	X	Abwehr / Individuell		**Schlussblock**
	Kräftigung	X	Abwehr / Kleingruppe	X	Abschlussspiel
X	Ballgewöhnung		Abwehr / Team		Abschlusssprint
X	Torhüter einwerfen		Athletiktraining		
			Ausdauertraining		

Benötigt:

- 2 kleine umgedrehte Turnkisten
- 1 Hütchen pro Spieler (min. 4 Hütchen)
- 2 Weichbodenmatten, ausreichend Bälle

Nr.: 3-1	Einlaufen/Dehnen	15	15

Ablauf:

- 2-3 Spieler mit einem Ball bilden eine Gruppe und laufen kreuz und quer durch die Halle und passen sich den Ball zu.
- Laufrichtung immer wieder ändern, der Ballführende (prellt ein paar Meter) gibt die Laufrichtung (vorwärts, rückwärts oder seitwärts) vor, die beiden anderen müssen die Laufbewegung nachmachen.

- Gemeinsames Dehnen in der Gruppe.

| Nr.: 3-2 | Kleines Spiel | 10 | 25 |

Ablauf:
- Zwei Mannschaften bilden, die Parteiball gegeneinander spielen.

Punkte werden erzielt durch:

Entweder: ▲ spielt (A) einen Bodenpass so durch das Hütchentor, dass der Ball von einem Mitspieler gefangen werden kann.

Oder: ▲ spielt (B) den Ball so in die Kiste, dass er ihn wieder fangen kann.

Jede Mannschaft verteidigt je ein Hütchentor und eine Kiste.

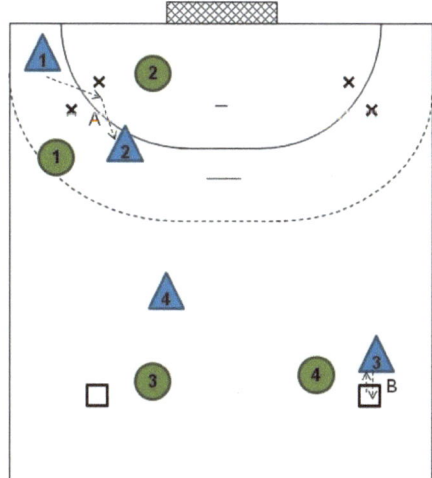

Aufgabe/Ziel:
- Die Angreifer versuchen, 10 Punkte zu erzielen. Schaffen sie es, müssen die Verteidiger z. B. 10 Liegestützen machen.
- Schnelles Umschalten, wenn ein Tor durch die Gegenspieler abgedeckt ist.

Variationen:
- Prellen zulassen.
- Kein Rückpass erlaubt (bei größeren Gruppen).
- Sprungwurfpass.
- Pass mit der falschen Hand.
- Keine Zuordnung der Tore, Punkte können überall erzielt werden.
- Ein Punkt kann nur erzielt werden, wenn beide „Tore" (Hütchen und Kiste) nacheinander erzielt werden.

Nr.: 3-3	Ballgewöhnung	10	35

Ablauf:

- 2 spielt den Ball linksherum zu 1 (A) und läuft rechtsherum (B) auf die angespielte Position.
- 1 spielt den Ball linksherum zu 3 (C) und läuft rechtsherum (D) auf die angespielte Position.
- usw.

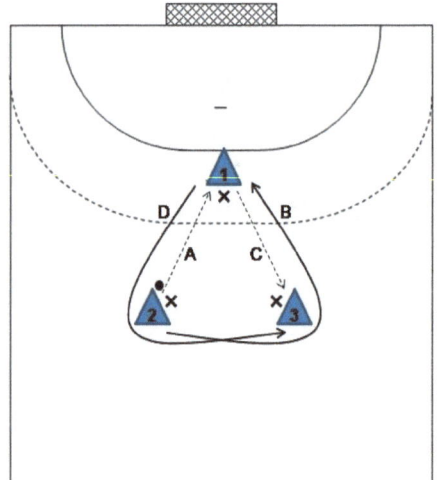

Variationen:

- Pass- und Laufrichtung ändern.
- Sofortiges Ändern der Pass-/Laufrichtung auf Zuruf (schnelles Umdenken und sofortiges Umsetzen).

⚠ Die Spieler müssen beim Laufen darauf aufpassen, dass sie sich nicht gegenseitig behindern.

Nr.: 3-4	Torhüter einwerfen	10	45

Ablauf:

- 1 spielt 1 den Ball und bekommt ihn wieder in den Lauf zurück gespielt.
- 1 macht jetzt eine 1gegen1-Aktion gegen 1 und versucht, nach rechts durchzubrechen (A).
- 1 agiert gegen den Körper/Wurfarm und drängt 1 nach rechts ab (B).
- 1 spielt 2 den Ball in den Lauf (C). 2 läuft nach rechts um das Hütchen herum und schließt mit Wurf auf den kurzen Pfosten nach Vorgabe (hoch, halb, tief) (D) ab.
- Der Torhüter soll nicht schon am Pfosten stehen, sondern leicht versetzt und von dort den Ball halten (E).
- Nach dem Pass zu 2 (C) läuft 1 sofort nach links weg (F).

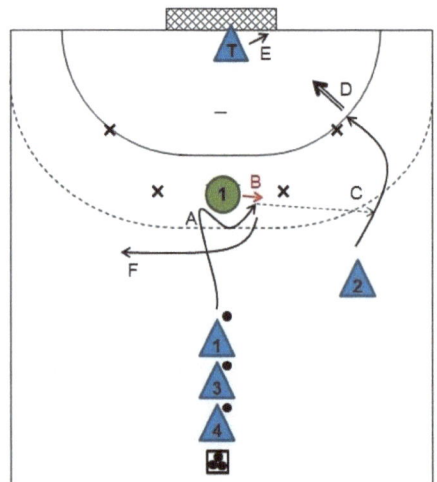

- Nachdem der Pass von ◣1 zu ◣2 erfolgt ist, startet ◣3 mit seiner Aktion.

- ◣3 spielt ●1 den Ball und bekommt ihn wieder in den Lauf zurückgespielt.

- ◣3 macht jetzt eine 1gegen1-Aktion gegen ●1 und versucht, nach links durchzubrechen (G).

- ●1 agiert gegen den Körper/Wurfarm und drängt ◣ nach links ab (H).

- ◣3 spielt ◣ den Ball in den Lauf Hütchen herum und schließt mit Wurf auf den kurzen Pfosten nach Vorgabe (hoch, halb, tief) (K) ab.

- Der Torhüter agiert wieder leicht versetzt aus der Mitte heraus (L).

- Nach dem Pass zu ◣ (J) läuft ◣3 sofort nach rechts weg (M). Usw.

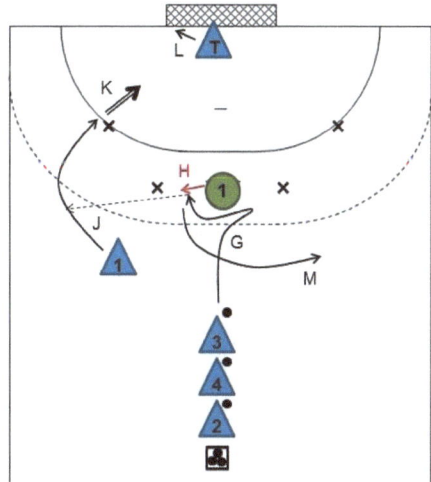

⚠ Den Ablauf so timen, dass der Torhüter genug Zeit hat, sich nach jedem Wurf wieder in die Ausgangsposition zu stellen.

⚠ ●1 soll mit hoher Dynamik gegen die Angreifer agieren, jedoch den Pass zulassen.

Grundablauf:
- Nach dem Wurf von außen (D und K) sofort zurücklaufen, einen neuen Ball holen und sich wieder anstellen, damit für den Abwehrspieler und den Torhüter eine lange Serie entsteht.

Nr.: 3-5	Abwehr / Individuell	10	55

Ziel:
- Dynamische Abwehrbewegung (heraustreten) an den Angreifer und wieder zurücksinken (Dreiecksbewegung).

Aufbau:
- Die beiden Hütchen mit ca. 5 Metern Abstand zueinander aufstellen. Die beiden Spieler stehen ca. 1,5 Meter von den Hütchen entfernt.

Ablauf:

Im Wechsel ist immer ein Spieler Angreifer und der andere macht die Abwehraktion (entweder nach jeder Aktion wechseln, oder ein Spieler macht alle Abwehraktionen hintereinander):

- Durchgang 1: ▲1 läuft als Angreifer nach vorne, ▲2 als Abwehrspieler ihm entgegen und drückt ihn mit beiden Händen dynamisch zurück (Laufenergie neutralisieren und etwas nach hinten wegdrücken, kein Stoßen!). Danach sinken beide Spieler zur gegenüberliegenden Seite wieder zurück und beginnen dort von Neuem.

- Durchgang 2: ▲1 mit Ball; beim Stoßen wird mit dem Arm zum Wurf ausgeholt. ▲2 geht dynamisch gegen den Wurfarm und die Hüfte und drückt ▲1 zurück.

- Durchgang 3: Diesmal macht ▲1 einen Sprungwurf, den ▲2 mit einer Aktion gegen den Wurfarm/die Schulter „blockt".

Wiederholungen:
- Je 5–10 Aktionen von links und rechts, danach kurze Pause, 2–5-mal wiederholen.

Handhaltung Abwehrspieler:
- Eine Hand geht zum Wurfarm und die andere Hand zur Hüfte des Angreifers.

⚠ Immer wieder wechseln zwischen Nach-hinten-Wegdrücken (ohne Foul) und „Festmachen" (blockieren beider Arme, sodass keine Aktion des Angreifers mehr erfolgen kann = Foul).

⚠ Der Angreifer soll nach Absprache den Wurfarm wechseln.

⚠ Die Angreifer sollen nicht immer gleich anlaufen, sondern immer wieder verändern (mal ein bisschen mehr nach links/rechts, leicht abknicken...).

⚠ **Auf ausreichende Pausen achten; sehr intensive Übung.**

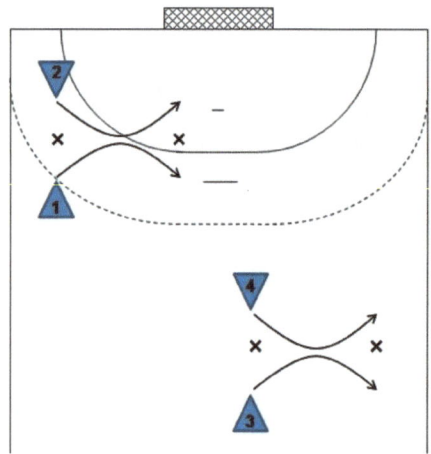

Nr.: 3-6	Abwehr / Kleingruppe	10	65

Ablauf:

- Es spielen immer zwei Gruppen (je zwei Angreifer (5 und 6) und zwei Abwehrspieler (5 und 6)) auf einer Matte gegeneinander, mit dem Ziel, den Ball auf der Matte abzulegen.
- Die Angreifer machen immer fünf Aktionen in Folge; haben sie sich festgelaufen oder wurden gefoult, lassen sie sich sofort wieder zurückfallen und beginnen von Neuem.
- Geht es nicht genau auf, spielt eine Gruppe 1gegen1 (3 und 3) oder mit Anspieler (1 , 1 und 2).

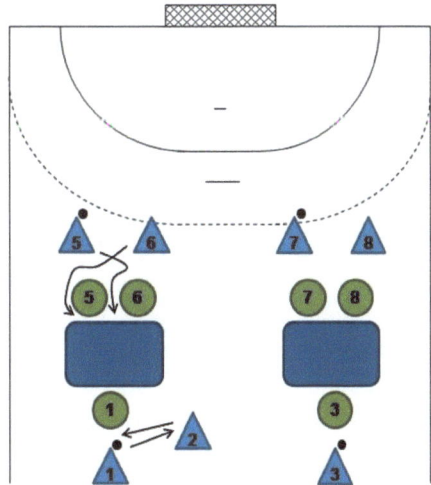

Gruppenwechsel:

- Nach den fünf Angriffen wechselt die Aufgabenverteilung (Abwehr wird zum Angriff).
- Die Gruppen untereinander tauschen, damit immer neue Anforderungen geschaffen werden.

Wichtig für die Abwehrspieler:

⚠ Auf einer Linie bleiben, nicht horizontal auseinanderziehen lassen.

⚠ Aggressives Angehen der Angreifer mit Zurückdrängen.

⚠ Lautes Miteinander-Reden/Absprachen.

⚠ Übergeben/Übernehmen.

Wichtig für die Angreifer:

⚠ Die Angreifer nehmen druckvoll Kontakt mit der Abwehr auf, kein Spielen in der Ferne.

⚠ Mann gegen Mann gehen oder kreuzen.

Nr.: 3-7	Abwehr / Kleingruppe	15	80

Aufbau:

- 2 und 3 spielen 2gegen2 gegen 1 und 2 ; 1 und 4 dienen als Anspielstationen (A).

Ablauf 1 (Bild 1):

- 2 und 3 versuchen, durch dynamisches Stoßen und mit 1gegen1-Aktionen die beiden Abwehrspieler auszuspielen (B oder C).
- Wenn sich die Angreifer festlaufen oder „zugemacht" werden, ziehen sie sich sofort zurück und beginnen die Aktion von Neuem.
- Die Angreifer halten ihre Position, d. h., ohne Kreuzen spielen.
- Nach dem Torwurf starten die nächsten beiden Angreifer.
- Regelmäßig die Abwehrspieler wechseln.

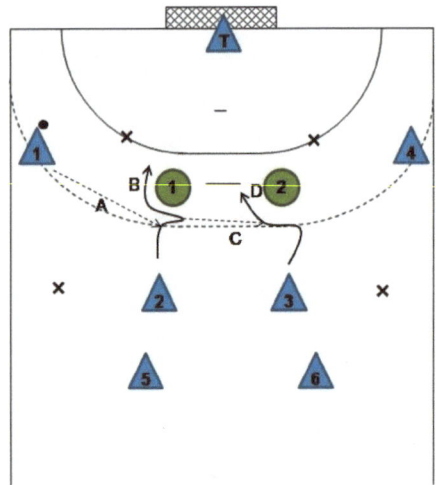

Bild 1

Ablauf 2 (Bild 2):

- 2 und 3 versuchen, durch Kreuzbewegungen (F) nach dem Pass von den Anspielern (E) zum Abschluss zu kommen.

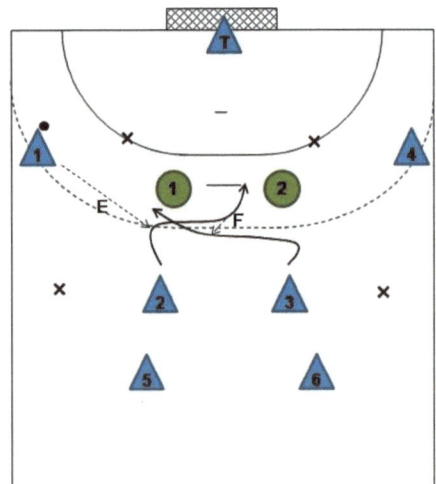

⚠ Die Angreifer sollen nach max. 1–2 Pässen dynamisch auf die Abwehr zugehen und den Abschluss suchen.

Bild 2

⚠ Die Abwehrspieler gehen den Angreifern dynamisch entgegen und attackieren sie.

⚠ 1 und 2 müssen bei der Kreuzbewegung der Angreifer intensiv miteinander reden und das Übergeben der Angreifer „besprechen".

| Nr.: 3-8 | Abschlussspiel | 10 | 90 |

Ablauf:
- Zwei Mannschaften bilden, die Handball gegeneinander spielen.

Vorgaben:
- Manndeckung ab der Mittellinie ohne feste Zuordnung. Die Abwehrspieler sollen sich abhängig von der Position „abstimmen", wer wen deckt bzw. übernimmt (kein wildes Herumrennen und Suchen nach dem Gegenspieler).
- Gelingt es der Mannschaft, den Ball abzufangen und daraus direkt einen Torerfolg zu erzielen, bekommt sie einen Zusatzangriff aus der eigenen Hälfte heraus.

⚠ Mit den Armen arbeiten, Gegner vor sich halten.

Zusatzaufgabe für die „Verlierermannschaft" vereinbaren (z. B.: Steigerungslauf plus Liegestützen/Sit-ups).

| Nr.: Abw. 4 | Thema: 3-2-1-Abwehr | | ★★ | 90 |

	Startblock			Hauptblock			
X	Einlaufen/Dehnen			Angriff / Individuell			Sprungkraft
	Laufübung			Angriff / Kleingruppe	X		Sprintwettkampf
X	Kleines Spiel			Angriff / Team			Torhüter
	Koordination			Angriff / Wurfserie			
	Laufkoordination			Abwehr / Individuell			**Schlussblock**
	Kräftigung		X	Abwehr / Kleingruppe			Abschlussspiel
X	Ballgewöhnung		X	Abwehr / Team			Abschlusssprint
X	Torhüter einwerfen			Athletiktraining			
				Ausdauertraining			

Benötigt:
- 6 dünne Turnmatten
- 6 Hütchen
- Ca. 5 Pommes (oder Koordinationsleiter)
- 7 Turnreifen
- 2 Ballkisten mit ausreichend Bällen

| Nr.: 4-1 | Einlaufen/Dehnen | 15 | 15 |

Ablauf:
- Zwei Spieler laufen gemeinsam durch die Halle und passen sich einen Ball zu.
- Laufrichtung (vorwärts, rückwärts, seitwärts) und Laufbewegung (Hopserlauf, Sidesteps, Knie anziehen) immer wieder ändern.
- Normale Pässe/Sprungwurf-Pässe, Pässe mit der falschen Hand.
- Schattenlaufen, ein Spieler macht eine Bewegung vor, der andere muss sie nachmachen.
- Gemeinsames Dehnen in der Gruppe, immer abwechselnd eine Übung vormachen.

Nr.: 4-2	Kleines Spiel	10	25

Ablauf:
- Ein Punkt wird erzielt, wenn ein auf der Matte stehender Mitspieler angespielt (A) wird.
- Berührt ein Gegenspieler die Matte (B), zählt der Punkt nicht und es wird weitergespielt.
- Es darf geprellt werden.

Aufgabe/Ziel:
- Die Angreifer versuchen, 10 Punkte zu erzielen. Schaffen sie es, müssen die Verteidiger z. B. 10 Liegestützen machen.
- Pässe von Matte zu Matte sind nicht zulässig, es muss immer zuerst die Matte verlassen werden.

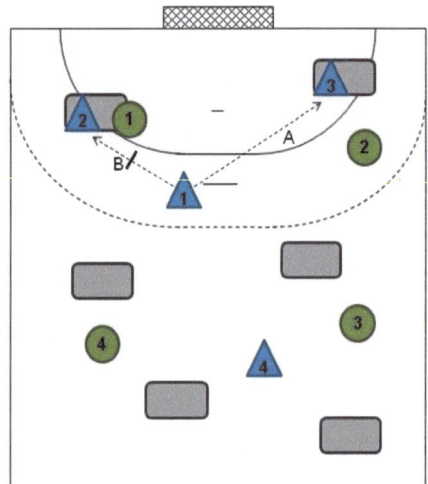

Variationen:
- Ohne Prellen.
- Kein Rückpass erlaubt.
- Sprungwurfpass.
- Pass mit der falschen Hand.

Nr.: 4-3	Ballgewöhnung	10	35

Ablauf:

- Es wird immer eine Station ausgelassen: 1 passt zu 3, 3 passt zu 5, 5 passt zu 2 und 2 passt zu 4 usw.
- Es wird sich immer dort angestellt, wohin gepasst wurde, aber außen herum (1 passt zu 3 und läuft um 2 herum (A), um sich bei 3 anzustellen).
- 3 passt zu 5 und läuft außen um 4 herum (B) und stellt sich bei 5 wieder an.

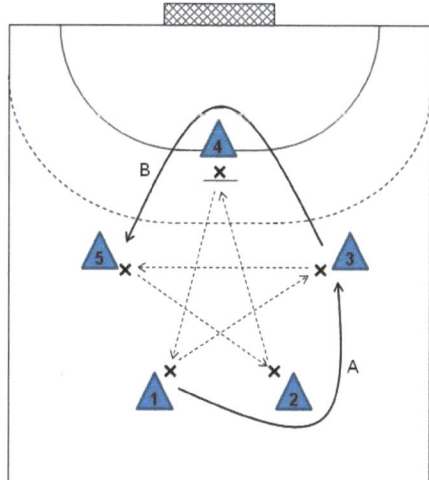

Variation:

- 2. Ball (1 und 2 haben je einen Ball und fangen gleichzeitig mit dem Ablauf an).
- Rechtsherum/linksherum laufen und passen.
- Ball rechtsherum spielen, linksherum laufen und umgekehrt (hohe Dynamik!).

Nr.: 4-4	Sprintwettkampf	5	40

Ablauf:

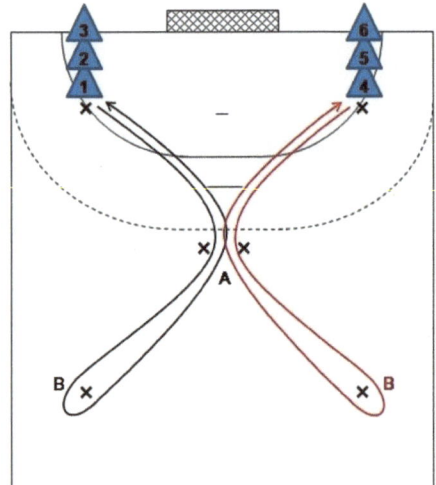

- ▲1 und ▲4 starten gleichzeitig auf Kommando und sprinten durch die beiden eng gestellten Hütchen hindurch (A) und im Bogen (B) um das äußere Hütchen herum und wieder zurück.
- Den nächsten Spieler abklatschen, der dann startet.
- Usw.

Die Verlierermannschaft muss z. B. Liegestützen oder Sit-ups ausführen.

⚠ Da die beiden Hütchen in der Mitte sehr eng stehen, müssen die Läufer beim
Durchqueren aufpassen, dass sie sich nicht gegenseitig in die Füße laufen. Die Hütchen aber auch nicht zu weit auseinanderstellen; es soll bei gleichzeitigem Durchlaufen zu einem fairen „Wettkampf" auf engem Raum kommen.

Variationen:
- Einen Ball dabei prellen.

Nr.:4-5	Torhüter einwerfen	10	50

Ablauf:

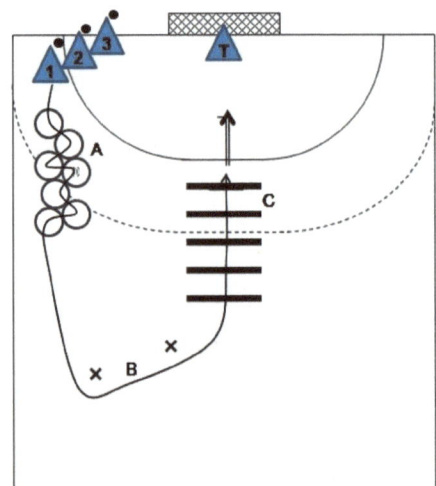

- Alle Spieler stehen mit einem Ball vor den Reifen.
- Schnelle Schrittfolge mit je einem Kontakt im Reifen (A).
- Danach Sprint um die Hütchen herum (B) zu den Pommes. Doppelkontakt (li./re.) in jedem Zwischenraum durch die Pommes (C).
- Danach Wurf aufs Tor nach Vorgabe.

Variation
- Reifen immer wieder unterschiedlich legen.
- Kontakte zwischen den Pommes verändern. Aber auf einen gleichmäßigen Lauffluss achten; der Torhüter soll eine zügige Wurfserie erhalten.

Nr.: 4-6	Abwehr / Kleingruppe	12	62

Ablauf:

- ▲1 stößt an und bekommt den Pass von ▲2 in den Lauf (A).

- ▲1 versucht, durch eine 1gegen1-Aktion (B), an dem heraustretenden (C) ●1 vorbeizukommen und mit Torwurf abzuschließen. ●2 verhindert das Anspiel an den Kreisläufer.

- Kommt ▲1 nicht vorbei, passt er (D) ▲2 in den Lauf.

- ●2 tritt heraus (E) und versucht, die 1gegen1-Aktion von ▲2 (G) abzuwehren.

- ●1 zieht sich schnell zum Kreisläufer zurück (F), um das Anspiel durch ▲2 (H) zu verhindern.

- Wenn ▲2 nicht vorbeikommt und auch den Kreisläufer nicht anspielen kann, passt er zurück zu ▲1, ●1 tritt wieder heraus und ●2 muss sich zum Kreisläufer zurückziehen.

- Nach Torwurf oder Ballgewinn in der Abwehr starten mit ▲3 und ▲4 die nächsten Angreifer.

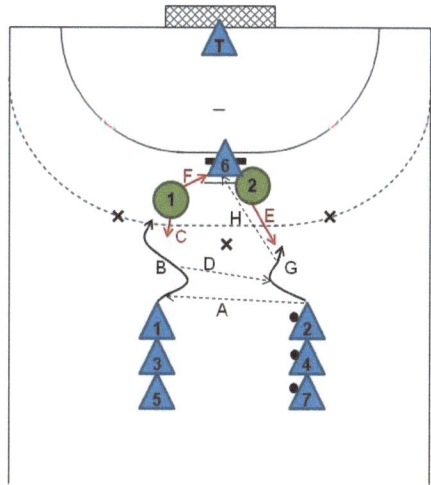

⚠ ●1 und ●2 müssen sich nach der 1gegen1-Aktion jeweils schnell zum Kreisläufer zurückziehen.

⚠ Der Kreisläufer steht am 6-Meter-Kreis zunächst auf einem Schaumstoffbalken. Ein Fuß muss immer auf dem Schaumstoffbalken stehen. Im Verlauf der Übung kann der Freiraum des Kreisläufers nach und nach erweitert werden.

⚠ ●1 und ●2 sollen deutlich miteinander kommunizieren.

Nr.: 4-7	Abwehr / Kleingruppe	13	75

Grundaufbau:
- Spiel 3gegen3.

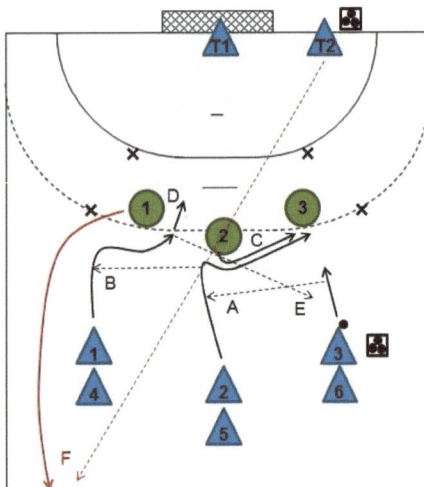

Ablauf:
- ③ stößt an und passt ② den Ball in den Lauf (A).
- ② stößt etwas nach links und spielt ① den Ball in den Lauf (B). Nach diesem Pass läuft ② dynamisch gegen die Passrichtung und versucht, an ② vorbei an den Kreis zu kommen.
- ② stellt sich quer und hindert ② mit aktiver Armarbeit am übergehen (C). ② bleibt vorne und übergibt (schiebt) ② zu ③.
- ① kann nun entscheiden, ob er im 1gegen1 versucht, an ① vorbeizugehen (D), oder ob er den Ball zu ③ spielt (E).
- Der Angriff soll danach kreativ weiterspielen und den Abschluss suchen.
- Gelingt es den Abwehrspielern, den Ball abzufangen, oder den Angreifer mit Ball festzumachen, wechseln die Aufgaben.
- ①, ② und ③ starten sofort in den Konter und sprinten über die Mittellinie; der Spieler, der am weitesten vorne ist (am optimalsten läuft), bekommt vom Torhüter den Ball gespielt und schließt mit Wurf ab (F).
- ①, ② und ③ werden zu neuen Abwehrspielern.

⚠ ② muss ② querstehend annehmen, um ihm das Durchbrechen nicht zu ermöglichen.

⚠ Mit Armeinsatz ② zur Seite wegschieben/wegdrücken.

Nr.: 4-8	Abwehr / Team	15	90

Ablauf:

- 5 passt zu 2 (A)

- 3 tritt heraus und attackiert 2 (B).

- 2 deckt zeitgleich 6 (C).

- 1 steht zeitgleich offensiv bei 9 Metern zwischen 1 und 4 (D).

- 2 spielt 3 den Ball in den Lauf (E).

- 3 spielt 1 den Ball in den Lauf (K).

- 2 tritt zeitgleich dynamisch heraus und attackiert 1 (F).

- 3 übernimmt zeitgleich 6 (G).

- 1 läuft zeitgleich dynamisch nach außen und blockiert 4 (H).

- Bild 3 zeigt die Positionen, bei Ballbesitz RL.

- 4 sichert nach vorne ab.

- Wenn 4 so angespielt werden kann, dass er eine Wurfchance hat, soll er werfen. Falls nicht, stößt 4 wieder an und der Ablauf wiederholt sich auf der anderen Seite.

- Usw.

⚠️ 1, 2, 3 und 4 sollen mit hoher Dynamik die Laufbewegungen ausführen. Besser wenige effektive Runden, als viele halbherzige Runden.

⚠️ 3 kann auch versuchen, 4 direkt anzuspielen (L). 1 soll 3 und 4 permanent im Auge behalten.

⚠️ Die Abwehr simuliert die Wege von RL/RR und der beiden Außenspieler in der 3:2:1-Abwehr. Auf VM und HM wird hier zunächst noch verzichtet!

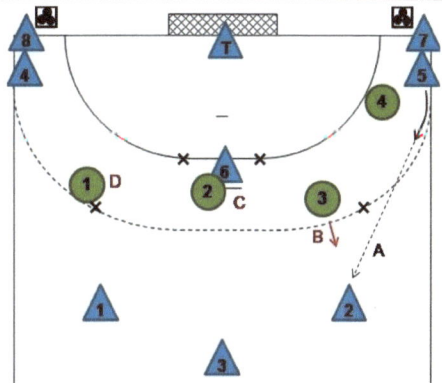

Bild 1 (Ballbesitz RR)

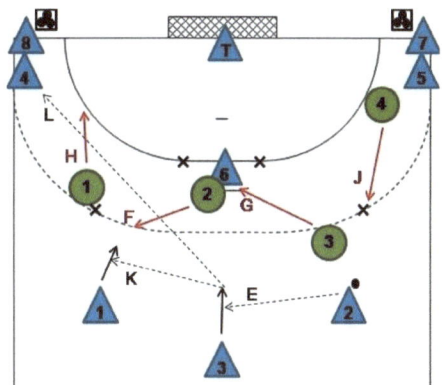

Bild 2 (Wechsel der Abwehrposition beim Passen)

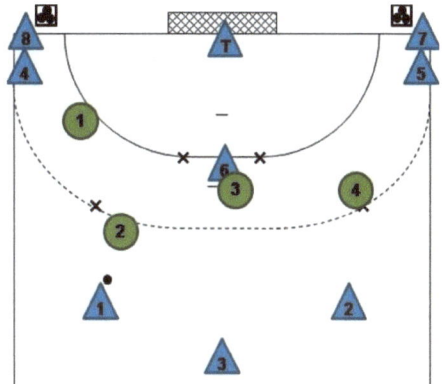

Bild 3 (Ballbesitz RL)

Nr.: Abw. 5	Thema: 3-2-1-Abwehr			★★	90

Startblock		Hauptblock			
X	Einlaufen/Dehnen		Angriff / Individuell		Sprungkraft
	Laufübung		Angriff / Kleingruppe	X	Sprintwettkampf
X	Kleines Spiel		Angriff / Team		Torhüter
	Koordination		Angriff / Wurfserie		
	Laufkoordination	X	Abwehr / Individuell		**Schlussblock**
	Kräftigung		Abwehr / Kleingruppe	X	Abschlussspiel
X	Ballgewöhnung	X	Abwehr / Team		Abschlusssprint
X	Torhüter einwerfen		Athletiktraining		
			Ausdauertraining		

Benötigt:
- 6 Turnreifen
- 8 Hütchen
- Ballkiste mit ausreichend Bällen

Nr.: 5-1	Einlaufen/Dehnen	15	15

Ablauf:
- Alle Spieler bewegen sich kreuz und quer im 6-Meter-Raum (A).
- Der Trainer gibt durch seine Position die Größe (immer wieder verändern) des Feldes vor (B), in dem sich die Spieler bewegen dürfen.

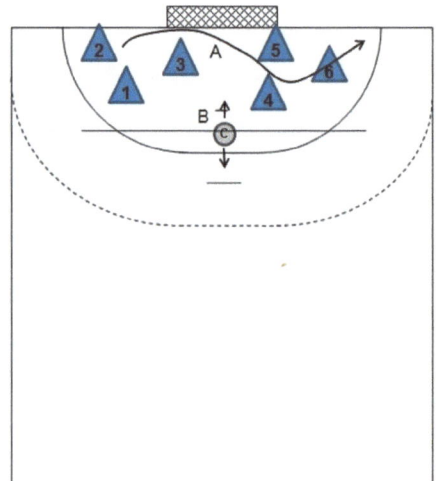

Vorgaben:
- Jeden entgegenkommenden Spieler durch Abklatschen „begrüßen".
- Nach Ansage vorwärts, rückwärts, seitwärts laufen.
- In die Knie gehen, Strecksprung machen.

Wettkampf:
Zwei Mannschaften bilden:
- Die Zeit stoppen, wie lange die Spieler der einen Mannschaft brauchen, die andere aus dem 6-Meter-Raum zu drängen.
- Danach Aufgabenwechsel. Welche Mannschaft braucht weniger Zeit, alle Spieler aus dem 6-Meter-Raum herauszudrängen/herauszuschieben?

Variation:
- Dabei einen Ball prellen.

In der Gruppe gemeinsam dehnen, immer abwechselnd eine Dehnübung vormachen.

Nr.: 5-2	Kleines Spiel	10	25

Ablauf:

Zwei Mannschaften spielen Parteiball im Feld. Ein Punkt wird folgendermaßen erzielt:

- Ein Spieler muss mit einem Fuß bei der Ballannahme im Reifen stehen (A).
- Wenn ein Gegenspieler mit seinem Fuß ebenfalls im Reifen steht, zählt der Punkt nicht (B).

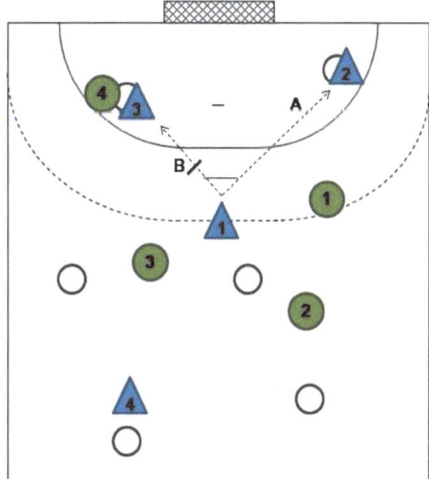

Variationen:

- Der Spieler muss nicht nur stehen, sondern auch den Ball einmal in den Reifen prellen.

⚠ Den Abstand der Reifen nicht zu groß wählen, dadurch entsteht ein schnelleres Spiel.

⚠ Man benötigt mindestens einen Reifen mehr als Spieler in einer Mannschaft sind, da die Aufgabe sonst für die Abwehr zu einfach ist.

Nr.: 5-3	Sprintwettkampf	5	30

Ablauf:

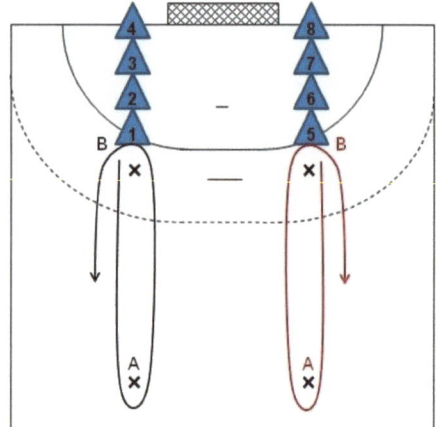

- ▲1 und ▲5 starten auf Kommando gleichzeitig und sprinten zum hinteren Hütchen, umlaufen es (A) und sprinten wieder zurück.

- Sie nehmen ▲2 (▲1) und ▲6 (▲5) an die Hand (B), und sprinten zu zweit um das Hütchen (A) und wieder zurück.

- Sie nehmen dann jeweils den 3. Spieler an die Hand usw. bis alle Spieler Hand in Hand um das Hütchen sprinten.

- Wenn der letzte Spieler „abgeholt" wurde, laufen alle Spieler zusammen eine Runde um das hintere Hütchen (A).

- Wenn sie wieder zurück sind, lassen ▲1 und ▲5 los und die anderen Spieler sprinten wieder um das Hütchen (A).

- Bei jedem Durchlauf am Start (B), lässt in umgekehrter Reihenfolge jeweils ein Spieler los, bis nur noch einer übrig ist, dieser sprintet dann alleine die letzte Runde.

Die Verlierermannschaft muss z. B. Liegestützen oder Sit-ups ausführen.

⚠ Der Wettkampf ist sehr intensiv, da jeder Spieler hintereinander mehrere Umläufe machen muss.

⚠ Eventuell lohnt sich ein taktisches Laufen (durch die hohe Belastung entscheidet sich der Sieg erst am Schluss).

Nr.: 5-4	Ballgewöhnung	10	40

Ablauf:

- ▲1 stößt und spielt (A) den Ball zum anstoßenden ▲2, dieser passt (B) zum anstoßenden ▲3 usw.
- Nach dem dynamischen Nach-vorne-Stoßen lässt sich ▲1 rückwärts schräg nach rechts zurückfallen und stellt sich bei ▲2 wieder an, ▲2 bei ▲3 usw.

Variationen:

- ▲1 läuft nach dem Pass im Halbkreis außen herum zu ▲3 (gegenüber) und stellt sich dort an. ▲2 bei ▲4, ▲3 bei ▲1 und ▲4 bei ▲2.
- Ballweg nach links/rechts, Laufweg nach rechts/links entgegengesetzt.

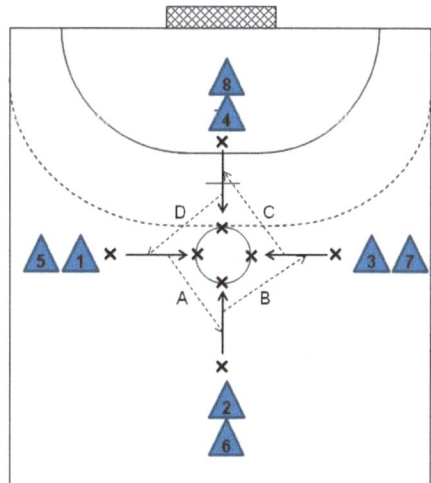

Nr.: 5-5	Torhüter einwerfen	10	50

Ablauf:

- ▲2 stößt mit Ball nach vorne und geht in die Wurfauslage (A).
- ●1 tritt heraus und drängt ▲2 ein kleines Stück zurück (B).
- Nachdem ▲2 zurückgedrängt wurde, dreht er ab, prellt um das Hütchen (C) und wirft nach Vorgabe (Hände, hoch, tief) nach links (D).
- ●1 zieht sich zurück, umläuft das Hütchen am Kreis (E) und tritt dann auf ▲3 heraus, der ebenfalls anstößt und in Wurfauslage geht (F).

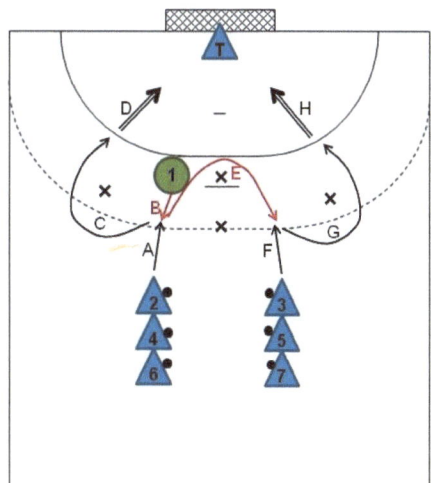

- ① drängt ③ zurück, dieser umprellt anschließend das Hütchen (G) und wirft nach Vorgabe nach rechts (H).
- Dann startet ④ und ① läuft wieder um das Hütchen auf die linke Seite zurück.
- Usw.

⚠ Die Spieler sollen deutlich von ① zurückgedrängt werden und erst anschließend um das Hütchen laufen.

⚠ Den Abwehrspieler nach jedem Durchgang wechseln.

Nr.: 5-6	Abwehr / Individuell	15	65

Ablauf:

- ① startet mit Ball eine 1gegen1-Aktion gegen ① (A) und versucht, an ihm vorbeizuprellen bzw. vorbeizugehen und mit Wurf abzuschließen.
- Nach dieser 1. Aktion läuft ① mit schnellen Schritten zurück an den 6-Meter-Kreis und dann wieder nach vorne, um ② am Durchbruch zu hindern (B). ② soll schnell mit seiner 1gegen1-Aktion starten (C), aber ① die Möglichkeit lassen, sich in die richtige Position zu stellen.
- Nach der 2. Aktion läuft ① wieder mit schnellen Schritten zurück an den 6-Meter-Kreis und dann wieder nach vorne (D), um ③ am Durchbruch zu hindern (E).
- Danach neuer Abwehrspieler usw. (steht schon bereit, damit nach der letzten Aktion von ① ohne Pause sofort weitergemacht werden kann).

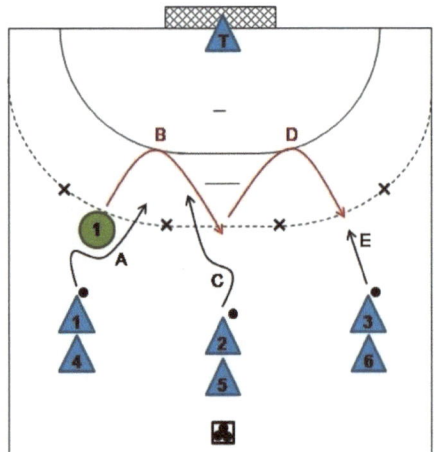

⚠ ① soll die Angreifer durch schnelle Beinarbeit und Armeinsatz vor sich halten. Nicht klammern, sondern immer wieder zurückdrängen.

⚠ Zuerst den Angreifer sichern und dann versuchen, den Ball herauszuspielen.

Nr.: 5-7	Abwehr / Team	15	80

Grundstellung bei Ballbesitz RL (Bild 1):

- ① steht offensiv bei ②.
- ② sichert den Raum hinter ① ab.
- ③ steht offensiv mit leichter Ausrichtung zu ①.
- ④ steht defensiv, falls ⑥ sich in diesem Bereich aufhält, übernimmt ④ ihn.

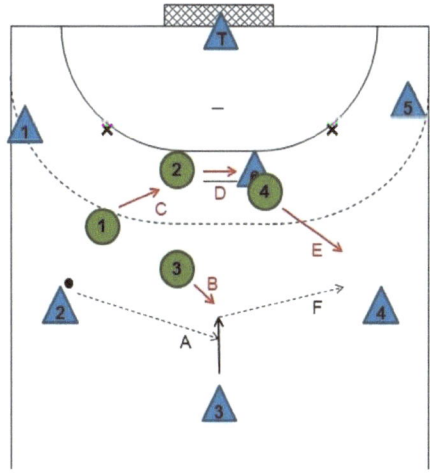

Bild 1

Ablauf (Bild 1):

- ▲1 und ▲5 fungieren als Anspielstationen.
- ▲2 spielt ▲3 den Ball in den Lauf (A):
  - ○ ③ bewegt sich seitlich in die Mitte, mit offensiver Ausrichtung zu ▲3 (B).
  - ○ ① sinkt seitlich nach hinten innen (C).
  - ○ ④ tritt offensiv nach vorne (E).
  - ○ ② verschiebt seitlich und übernimmt den Raum (▲6) von ④ (D).
- ▲3 spielt den Ball zu ▲4 (F).

Grundablauf für die Angreifer:

- Der Ball wird von ▲1 bis ▲5 durchgespielt.
- ▲2, ▲3 und ▲4 versuchen, durch 1gegen1-Aktionen durchzubrechen oder an den Kreis zu ▲6 zu passen.
- Den Druck auf die Abwehr von Durchgang zu Durchgang steigern, um so die Anforderung für die Abwehrspieler langsam zu erhöhen.
- Später Kreuzbewegungen und Rückpässe zulassen.

Grundstellung bei Ballbesitz RR (Bild 2)

- Bleibt 🔺6 im Bereich hinter 4️⃣ stehen, übernimmt ihn 2️⃣. 1️⃣ verschiebt leicht nach innen und deckt den Raum hinter 3️⃣ ab.

- Verschiebt 🔺6 nach links (G), übernimmt ihn 1️⃣ (H) und 2️⃣ deckt den Raum hinter 4️⃣ ab.

⚠️ 1️⃣, 2️⃣ und 4️⃣ müssen sehr intensiv miteinander kommunizieren.

Wer hat 🔺6? Wie weit wird verschoben?

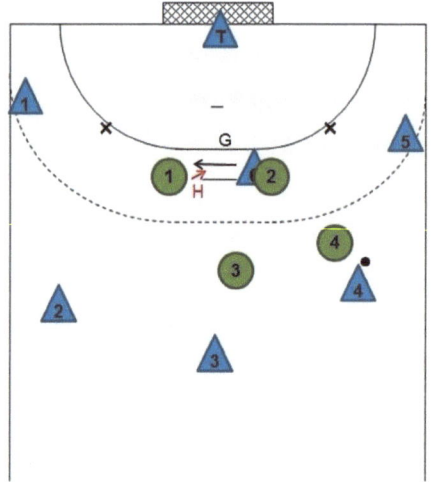

Bild 2

⚠️ 🔺6 soll zu Beginn eher statisch agieren, dann aber zunehmend seine Position innerhalb der Hütchen verändern.

Nr.: 5-8	Abschlussspiel	10	90

Ablauf:
- Zwei Mannschaften bilden, die Handball gegeneinander spielen.

Vorgaben:
- 3-2-1-Abwehr, die Laufwege sollen im Spiel gefestigt werden.

⚠️ In der Abwehr muss eine permanente Absprache erfolgen, wer deckt wen?

⚠️ Mit den Armen arbeiten, Gegner vor sich halten.

Nr.: Abw. 6	Thema: 3-2-1-Abwehr				★ ★	90
Startblock		**Hauptblock**				
X	Einlaufen/Dehnen		Angriff / Individuell		Sprungkraft	
	Laufübung		Angriff / Kleingruppe	X	Sprintwettkampf	
X	Kleines Spiel		Angriff / Team		Torhüter	
	Koordination		Angriff / Wurfserie			
	Laufkoordination		Abwehr / Individuell		**Schlussblock**	
	Kräftigung	X	Abwehr / Kleingruppe		Abschlussspiel	
X	Ballgewöhnung	X	Abwehr / Team		Abschlusssprint	
X	Torhüter einwerfen		Athletiktraining			
			Ausdauertraining			

Benötigt:

- 2 Weichbodenmatten
- 6 Hütchen
- 6 kleine Turnkisten
- Ballkiste mit ausreichend Bällen

Nr.: 6-1	Einlaufen/Dehnen	15	15

Ablauf:

- Die Spieler laufen in verschiedenen Laufvarianten (vorwärts, rückwärts, Sidestep, Hopserlauf mit/ohne Armkreisen usw.) 5 Minuten durch die Halle.
- Danach finden sich immer zwei Spieler zusammen und führen die folgenden Aktionen je 1–2 Minuten aus:
  - Die beiden Spieler stellen sich ca. ½ Meter voneinander entfernt gegenüber auf ein Bein. Sie versuchen, sich durch leichte Stoßbewegungen mit den Armen gegenseitig aus dem Gleichgewicht zu bringen (erst auf dem linken, dann auf dem rechten Bein). Muss ein Spieler den zweiten Fuß abstellen, bekommt der andere einen Punkt.
  - Die Spieler stehen rechts und links von einer Linie und fassen sich an einem Arm um das Handgelenk. Die Spieler versuchen, den jeweils anderen Spieler über die Linie zu ziehen (Arm wechseln)

Gemeinsam in der Gruppe dehnen.

| Nr.: 6-2 | Kleines Spiel | 10 | 25 |

Ablauf:

Zwei Mannschaften spielen eine Rugby-Variante gegeneinander. Der Ball muss nach folgenden Regeln auf der Matte abgelegt werden:

- Ball darf nur nach hinten gespielt werden.
- Ohne Prellen; freies Laufen, es dürfen beliebig viele Schritte mit dem Ball in der Hand gemacht werden.
- Jede Mannschaft verteidigt eine Matte.

⚠ Optimal geeignet als Aufwärmspiel als Vorübung für eine Abwehr-Trainingseinheit (Steigerung der Aggressivität).

⚠ Die Abwehrspieler müssen sich gegenseitig helfen, nur gemeinsam kann ein Angreifer gestoppt werden.

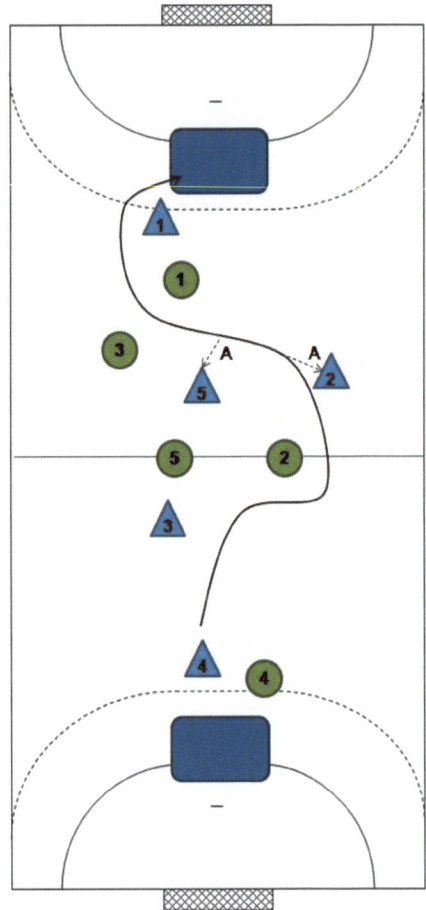

| Nr.: 6-3 | Ballgewöhnung | 10 | 35 |

Ablauf:

- ▲1 läuft ohne Ball im Bogen los und bekommt den Ball von ▲2 gespielt (A).

- ▲1 spielt (B) zu ▲3 und stellt sich dort in der Gruppe an.

- Nachdem ▲2 den Ball zu ▲1 gespielt hat, startet ▲2 und läuft einen Bogen, bekommt den Ball von ▲3 gespielt (C), passt (D) zu ▲4 und stellt sich dort wieder an.

- Dann startet ▲3, bekommt den Ball von ▲4, spielt zu ▲5 und stellt sich dort an usw.

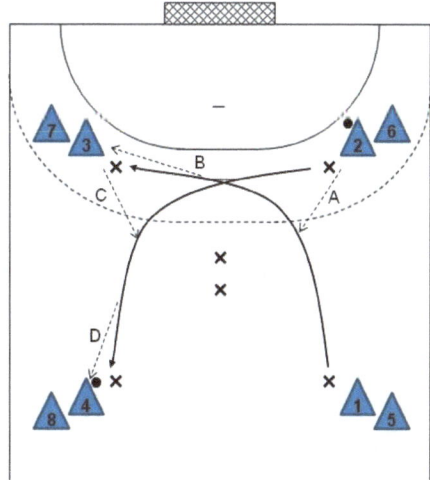

Variation:

- Mit zwei Bällen; ▲2 und ▲4 haben je einen Ball und starten gleichzeitig (hohe Anforderung an die Konzentration!).

⚠ Die Übung soll das schnelle Passen während der Kontersituation simulieren.

⚠ Schnelles und dynamisches Anlaufen und den Ball in den Lauf passen.

⚠ Geschwindigkeit immer mehr steigern.

Nr.: 6-4	Torhüter einwerfen	10	45

Ablauf:

- ▲3 stößt mit Ball an (A).

- ●1 tritt dynamisch heraus (B).

- ▲3 spielt den Ball so rechtzeitig ab (C), dass er von ●1 dabei nicht gestört wird (●1 soll aber deutlich auf ▲3 heraus treten).

- ▲2 bekommt den Ball in den Lauf gespielt und wirft nach Vorgabe (D) (im Korridor nach links).

- Nach seinem Pass zieht sich ▲3 sofort wieder dynamisch zurück auf die Ausgangsposition (E).

- ▲1 lässt sich dynamisch rückwärts zum 6-Meter-Kreis zurückfallen (F), um dann sofort der Stoßbewegung (G) von ▲4 entgegenzutreten.

- ▲3 bekommt den Ball in den Lauf gespielt und wirft nach Vorgabe (im Korridor nach rechts) (H).

Variation:

- Wurf aus dem Sprungwurf „heraus".
- Wurf übers „falsche Bein".
- Nach dem Wurf einen Sprint bis zur Mittellinie anziehen.

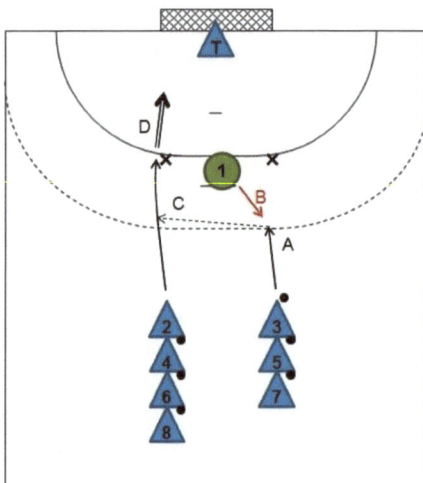

Bild 1

Bild 2

| Nr.: 6-5 | Sprintwettkampf | 5 | 50 |

Ablauf:

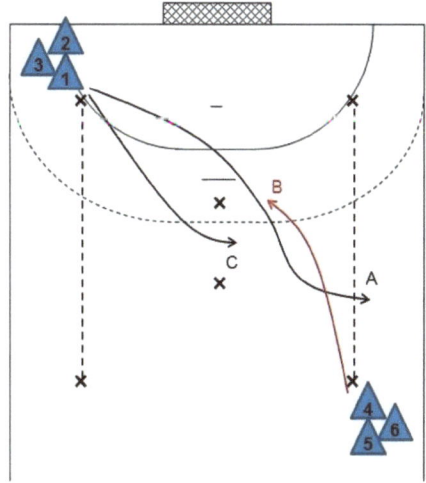

-   ▲1 startet auf Kommando und versuucht, die gegenüberliegende Linie zu überlaufen, ohne von ▲4 berührt zu werden (A).

-   ▲4 versucht, ▲1 abzufangen und abzuschlagen (B).

-   Schafft es ▲1, ohne Berührung über die Linie zu laufen, bekommt er einen Punkt. Berührt ihn ▲4 vorher, bekommt ▲4 einen Punkt.

-   Danach startet ▲2 mit dem gleichen Ablauf. Usw., bis alle Spieler der Mannschaft gelaufen sind. Danach erfolgt der Aufgabenwechsel.

-   Welche Mannschaft macht mehr Punkte? Die Verlierermannschaft macht jeweils Liegestützen oder Sit-ups.

Variation:

-   Läuft ▲1 auf direktem Weg über die Linie (A), bekommt er einen Punkt.

    Wenn ▲1 den „Umweg" durch das Hütchentor nimmt und ohne Berührung über die Linie läuft, bekommt er zwei Punkte (C).

Nr.: 6-6	Abwehr / Kleingruppe	10	60

Ablauf:

- ▲1 spielt den Auftaktpass zu ▲2.

- ▲2 und ▲3 gehen dynamisch auf die Abwehr zu und versuchen gemeinsam, ●1 und ●2 auszuspielen:

  - ○ ▲2 macht eine 1gegen1-Aktion bei ●1 (A).

  - ○ ▲3 nimmt die Kreuzbewegung von ▲2 an (B).

  - ○ Oder ▲3 läuft parallel mit und versucht, außen durchzugehen (C).

- Nach der Aktion läuft ●1 sofort nach rechts (D) und der Ablauf beginnt auf der anderen Seite (●1 und ▲3).

- ●2 verschiebt nach außen (D).

- ▲2 und ▲3 tauschen nach dem Kreuzen die Position (E).

- Usw.

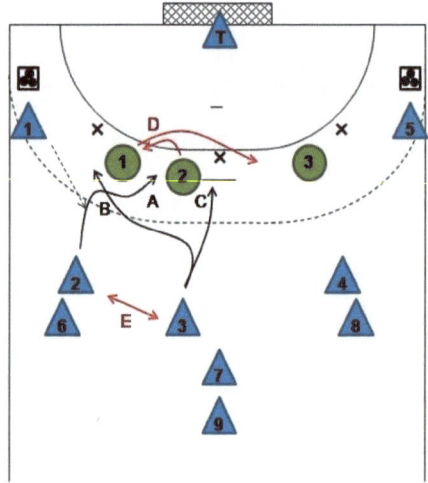

Nach ein paar Minuten die Abwehrspieler austauschen.

Grundablauf:

- Gelingt es den beiden Abwehrspielern, den Durchbruch zu verhindern, müssen die beiden Angreifer 10 Liegestützen machen.

⚠ Die Angreifer sollen nicht lange vor der Abwehr spielen, sondern sofort mit einer dynamischen Aktion starten.

⚠ Die Abwehrspieler agieren aggressiv in der Vorwärts-/Seitwärtsbewegung.

⚠ RM (▲3, ▲7 und ▲9) spielt nicht direkt aus der Mitte heraus, sondern steht immer leicht nach links/rechts versetzt, je nachdem, auf welche Seite gerade gespielt wird.

Nr.: 6-7	Abwehr / Team	10	70

Ablauf:

- 5 passt zu 2 (A).
- 3 tritt heraus und attackiert 2 (B).
- 2 deckt zeitgleich 6 (C).
- 1 steht zeitgleich offensiv bei 9 Metern zwischen 1 und 4 (D).
- 2 spielt 3 den Ball in den Lauf (E).
- 3 spielt 1 den Ball in den Lauf (K).
- 2 tritt zeitgleich dynamisch heraus und attackiert 1 (F).
- 3 übernimmt zeitgleich 6 (G).
- 1 läuft zeitgleich dynamisch nach außen und blockiert 4 (H).
- Bild 3 zeigt die Positionen, bei Ballbesitz RL.
- Wenn 4 so angespielt werden kann, dass er eine Wurfchance hat, soll er werfen. Falls nicht,
- stößt 4 wieder an und der Ablauf wiederholt sich auf der anderen Seite.

Usw.

⚠ 1, 2, 3 und 4 sollen mit hoher Dynamik die Laufbewegungen ausführen. Besser wenige effektive Runden, als viele halbherzige Runden.

⚠ 3 kann auch versuchen, 4 direkt anzuspielen. 1 soll 3 und 4 permanent im Auge behalten.

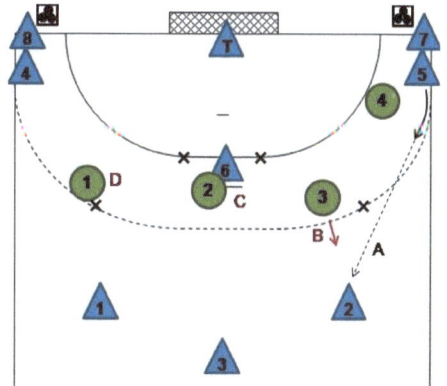
Bild 1 (Ballbesitz RR)

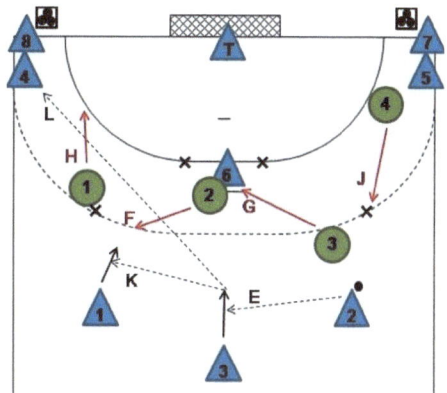
Bild 2 (Wechsel der Abwehrposition beim Passen)

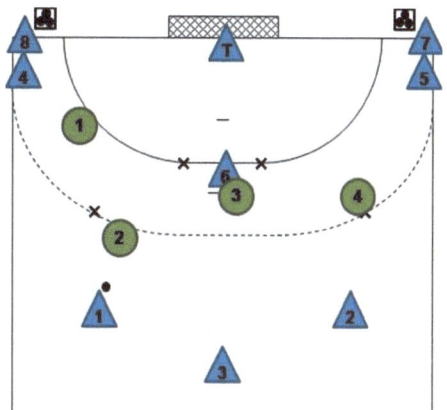
Bild 3 (Ballbesitz RL)

⚠ Die Abwehr simuliert die Wege von RL/RR und der beiden Außenspieler in der 3:2:1-Abwehr. Auf VM und HM wird hier zunächst noch verzichtet!

Nr.: 6-8	Abwehr / Team	20	90

Einleitung:

- Zusammensetzen der trainierten Einzelübungen zur kompletten 3-2-1 Abwehr.

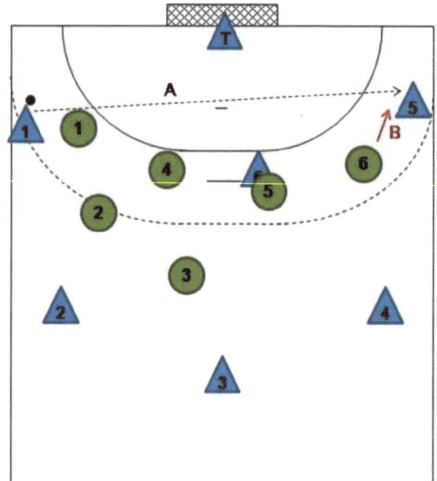

Bild 1

Ballbesitz LA:

- **1** direkte Zuordnung zu ballführendem **1**.

- **2** steht offensiv mit Ausrichtung zu **1**.

- **4** deckt den Raum hinter **2** ab. Steht **6** im Bereich hinter **2**, übernimmt **4** ihn.

- **3** steht offensiv mit Ausrichtung zwischen **2** und **3**.

- **5** übernimmt **6**, wenn er im rechten Bereich steht (wie im Bsp. Bild 1).

- **6** steht halb offensiv, er muss auf den Querpass (A) von **1** zu **5** aufpassen und dann nach außen verschieben (B).

Ballbesitz RL:

- **2** tritt offensiv auf **2** heraus.

- **3** steht offensiv mit Ausrichtung zwischen **2** und **3**.

- **4** deckt den Raum hinter **2** ab. Steht **6** im Bereich hinter **2**, übernimmt **4** ihn.

- **5** übernimmt **6**, wenn er im rechten Bereich steht (wie im Bsp. Bild 2), um den Pass zu verhindern (C).

- **6** steht offensiv, mit dem Ziel, das parallele Stoßen von **4** zu verhindern (F). Er muss aber auch auf den direkten Pass (D) zu **5** aufpassen und dann nach außen laufen (E).

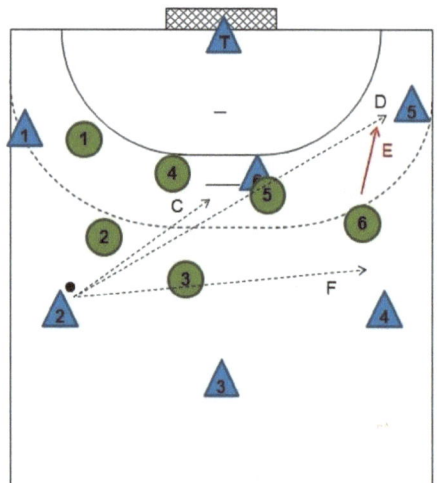

Bild 2

Ballbesitz RM:

- ③ tritt offensiv auf ▲3 heraus.

- ⑤ tritt Richtung ▲4 heraus.

- ② hält die offensive Position bei ▲2.

- ② und ⑤ müssen auf ein Einlaufen (Kreuzbewegung) von ▲2 und ▲4 aufpassen (H).

- ① und ⑥ halten die Positionen und müssen auf ein Einlaufen von ▲1 und ▲5 aufpassen, bzw. es verhindern (G).

- ④ übernimmt ▲6 und muss solange bei ihm bleiben, bis er ihn übergeben kann. Auf das Herauslaufen achten (J).

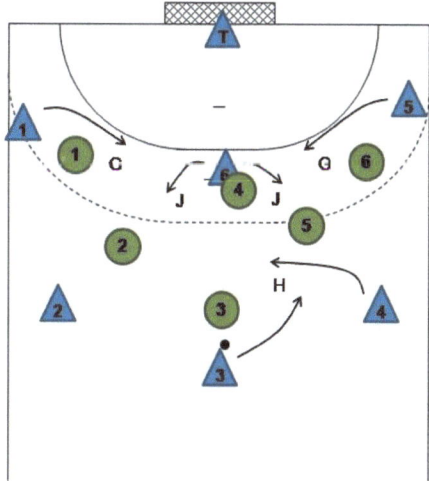

Bild 3

Ballbesitz RR:

- ⑤ tritt offensiv auf ▲4 heraus.

- ③ steht offensiv mit Ausrichtung zwischen ▲3 und ▲4.

- ④ deckt den Raum hinter ⑤ ab. Steht ▲6 im Bereich hinter ⑤, übernimmt ④ ihn.

- ② übernimmt ▲6, wenn er im linken Bereich steht (wie im Bsp. Bild 4), um den Pass zu verhindern (N).

- ① steht offensiv, mit dem Ziel, das parallele Stoßen von ▲2 zu verhindern (M). Er muss aber auch

auf den direkten Pass (K) zu ▲1 aufpassen und dann nach außen laufen (L).

Bild 4

Ballbesitz RA:

- (6) direkte Zuordnung zu ballführendem (5).

- (5) steht offensiv mit Ausrichtung zu (5).

- (4) deckt den Raum hinter (5) ab. Steht (6) im Bereich hinter (5), übernimmt (4) ihn.

- (3) steht offensiv mit Ausrichtung zwischen (3) und (4).

- (2) übernimmt (6), wenn er im linken Bereich steht (wie im Bsp. Bild 5).

Bild 5

- (1) steht halb offensiv, er muss auf den Querpass (O) von (5) zu (1) aufpassen und dann nach außen verschieben (P).

Grundsätzlicher Ablauf für den Angriff:

- Die Angreifer spielen den Ball von links nach rechts und zurück.
- Zuerst langsam, damit die Abwehr sich richtig zuordnen kann.

- (6) hält zuerst die Position.

- Nach ein paar Minuten wird die Geschwindigkeit der Pässe gesteigert.

- (6) soll sich im Bereich zwischen HL und HR bewegen.
- Kreuzbewegungen einfließen lassen.

⚠ Die Abwehrspieler sollen ständig miteinander in Kontakt bleiben und über klare Absprachen eine Zuordnung vornehmen. Vor allem (2), (4) und (5) müssen das Übergeben von (6) abstimmen.

6. Über den Autor

JÖRG MADINGER, geboren 1970 in Heidelberg

Juli 2014 (Weiterbildung): **3-tägiger DHB Trainerworkshop**
"Grundbausteine Torwartschule"
Referenten: Michael Neuhaus, Renate Schubert, Marco Stange, Norbert Potthoff, Olaf Gritz, Andreas Thiel, Henning Fritz

Mai 2014 (Weiterbildung): 3-tägige DHTV/DHB Trainerfortbildung im Rahmen des VELUX EHF FinalFour
Referenten: Jochen Beppler (DHB Trainer), Christian vom Dorff (DHB Schiri), Mark Dragunski (Trainer TuSeM Essen), Klaus-Dieter Petersen (DHB Trainer), Manolo Cadenas (Nationaltrainer Spanien)

Mai 2013 (Weiterbildung): 3-tägige DHTV/DHB Trainerfortbildung im Rahmen des VELUX EHF FinalFour
Referenten: Prof. Dr. Carmen Borggrefe (Uni Stuttgart), Klaus-Dieter Petersen (DHB Trainer), Dr. Georg Froese (Sportpsychologe), Jochen Beppler (DHB Stützpunkttrainer), Carsten Alisch (Nachwuchstrainer Hockey)

seit Juli 2012: Inhaber der DHB A-Lizenz

seit Februar 2011: Vereinsschulungen, Coaching im Trainings- und Wettkampfbetrieb

November 2011: Gründung Handball Fachverlag (handall-uebungen.de, Handball Praxis und Handball Praxis Spezial)

Mai 2009: Gründung der Handball-Plattform handball-uebungen.de

2008-2010: Jugendkoordinator und Jugendtrainer bei der SG Leutershausen

seit 2006: B-Lizenz Trainer

Anmerkung des Autors
1995 überredete mich ein Freund, mit ihm zusammen das Handballtraining einer männlichen D-Jugend zu übernehmen.

Dies war der Beginn meiner Trainertätigkeit. Daraufhin fand ich Gefallen an den Aufgaben eines Trainers und stellte stets hohe Anforderungen an die Art meiner Übungen. Bald reichte mir das Standardrepertoire nicht mehr aus und ich begann, Übungen zu modifizieren und mir eigene Übungen zu überlegen.

Heute trainiere ich mehrere Jugend- und Aktivmannschaften in einem breit gefächerten Leistungsspektrum und richte meine Trainingseinheiten gezielt auf die jeweilige Mannschaft aus.

Seit einigen Jahren vertreibe ich die Übungen über meinen Onlineshop handball-uebungen.de. Da die Tendenz im Handballtraining, vor allem im Jugendbereich, immer mehr in Richtung einer allgemeinen sportlichen Ausbildung mit koordinativen Schwerpunkten geht, eignen sich viele Spiele und Spielformen auch für andere Sportarten.

Lassen Sie sich inspirieren von den verschiedenen Spielideen und bringen Sie auch Ihre eigene Kreativität und Erfahrung ein!

Ihr

Jörg Madinger

7. Weitere Fachbücher des Verlags DV Concept

Von A wie Aufwärmen bis Z wie Zielspiel – 75 Übungsformen für jedes Handballtraining

Ein abwechslungsreiches Training erhöht die Motivation und bietet immer wieder neue Anreize, bekannte Bewegungsabläufe zu verbessern und zu präzisieren. In diesem Buch finden Sie Übungen zu allen Bereichen des Handballtrainings vom Aufwärmen über Torhüter einwerfen bis hin zu gängigen Inhalten des Hauptteils und Spielen zum Abschluss, die Sie in ihrem täglichen Training mit Ihrer Handballmannschaft inspirieren sollen. Alle Übungen sind bebildert und in der Ausführung leicht verständlich beschrieben. Spezielle Hinweise erläutern, worauf Sie achten müssen.

Mini- und Kinderhandball (5 Trainingseinheiten)

Mini- bzw. Kinderhandball unterscheidet sich grundlegend vom Training höherer Altersklassen und erst recht vom Handball in Leistungsbereichen. Bei diesem ersten Kontakt mit der Sportart „Handball" sollen die Kinder an den Umgang mit dem Ball herangeführt werden. Es soll der Spaß an der Bewegung, am Sport treiben, am Spiel miteinander und auch am Wettkampf gegeneinander vermittelt werden.

Das vorliegende Buch führt zunächst kurz in das Thema und die Besonderheiten des Mini- und Kinderhandballs ein und zeigt dabei an einigen Beispielübungen Möglichkeiten auf, das Training interessant und abwechslungsreich zu gestalten.

Passen und Fangen in der Bewegung - 60 Übungsformen für jedes Handballtraining

Passen und Fangen sind zwei Grundtechniken im Handball, die im Training permanent trainiert und verbessert werden müssen. Die vorliegenden 60 praktischen Übungen bieten viele Varianten, um das Passen und Fangen anspruchsvoll und abwechslungsreich zu trainieren. Ein besonderer Fokus liegt dabei darauf, die Sicherheit beim Passen und Fangen auch in der Bewegung mit hoher Dynamik zu verbessern. Deshalb werden die Übungen mit immer neuen Laufwegen und spielnahen Bewegungen gekoppelt.

Effektives Einwerfen der Torhüter - 60 Übungsformen für jedes Handballtraining

Das Einwerfen der Torhüter ist in nahezu jedem Training notwendiger Bestandteil. Die vorliegenden 60 Übungen zum Einwerfen bieten hier verschiedene Ideen, um das Einwerfen sowohl für Torhüter als auch für die Feldspieler anspruchsvoll und abwechslungsreich zu gestalten. Ein besonderer Fokus liegt dabei darauf, schon beim Einwerfen die Dynamik der Spieler zu verbessern.

Wettkampfspiele für das tägliche Handballtraining - 60 Übungsformen für jede Altersstufe

Handball lebt von schnellen und richtig getroffenen Entscheidungen in jeder Spielsituation. Dies kann im Training spielerisch und abwechslungsreich durch handballnahe Spiele trainiert werden. Die vorliegenden 60 Übungsformen sind in sieben Kategorien unterteilt und schulen die Spielfähigkeit.

Folgende Kategorie beinhaltet das Buch: Parteiball-Varianten, Mannschaftsspiele auf verschiedene Ziele, Fangspiele, Sprint- und Staffelspiele, Wurf- und Balltransportspiele, Sportartübergreifende Spiele, Komplexe Spielformen für das Abschlussspiel.

Abwechslungsreiches Wurftraining im Handball - 60 Übungsformen für jede Altersstufe

Der Wurf ist ein zentraler Baustein des Handballspiels, der durch regelmäßiges Training immer wieder erprobt und verbessert werden muss. Deshalb ist es immer wieder sinnvoll, Wurfserien im Training durchzuführen. Die vorliegende Übungssammlung bietet 60 verständliche, leicht nachzuvollziehende praktische Übungen zu diesem Thema, die in jedes Training integriert werden können.

Die Übungen sind in sechs Kategorien und drei Schwierigkeitsstufen unterteilt: Technik, Wurfübungen auf feste Ziele, Wurfserien mit Torwurf, Positionsspezifisches Wurftraining, Komplexe Wurfserien, Wurfwettkämpfe.

Taschenbücher aus der Reihe Handball Praxis

Handball Praxis 1 – Handballspezifische Ausdauer

Handball Praxis 2 – Grundbewegungen in der Abwehr

Handball Praxis 3 – Erarbeiten von Auslösehandlungen und Weiterspielmöglichkeiten

Handball Praxis 4 – Intensives Abwehrtraining im Handball

Handball Praxis 5 – Abwehrsysteme erfolgreich überwinden

Handball Praxis 6 – Grundlagentraining für E- und D- Jugendliche

Handball Praxis 7 – Handballspezifisches Ausdauertraining im Stadion und in der Halle

Handball Praxis 8 – Spielfähigkeit durch Training der Handlungsschnelligkeit

Handball Praxis 9 – Grundlagentraining im Angriff für die Altersstufe 9-12 Jahre

Handball Praxis Spezial 1 – Schritt für Schritt zur 3-2-1 Abwehr

Handball Praxis Spezial 2 – Schritt für Schritt zum erfolgreichen Angriffskonzept gegen eine 6-0 Abwehr

Weitere Handball Fachbücher und eBooks unter: www.handball-uebungen.de

www.ingramcontent.com/pod-product-compliance
Lightning Source LLC
Chambersburg PA
CBHW042130080426
42735CB00001B/33